高等职业教育市场营销专业系列教材
广东省精品资源共享课程配套教材

现代销售技术

主 编 江 帆 谭宇均
参 编 高凤荣 刘 红 王 璐 陈 舒

本书是广东省精品资源共享课程"推销实务与技巧"的配套教材，以"职业能力培养为核心，理论实践一体化"为基本理念，以销售工作的七个步骤设计教学内容，包括销售概述、销售准备、顾客开拓、顾客接触、销售洽谈、处理异议、促单成交、售后服务、销售闭环管理，收集了销售行业、企业的真实案例、销售话术，具有极强的实践性、应用性和技能性特点，符合"培养适应社会需要的效能型销售人才"的职业教育目标。

本书内容简明，实训案例多样，网络配套学习资源丰富，符合现代信息化教育新趋势，集通俗性、可读性、实用性于一体。本书不仅可作为高职高专院校市场营销及其他经管类专业的教材，也可作为各行各业业务员、销售员、营销区域主管、中小企业主及其他自学者的自学用书，以及社会上各类销售型培训班的培训用书。

本书配有电子课件、单元自测题答案等教师用配套教学资源，凡使用本书的教师均可登录机械工业出版社教育服务网www.cmpedu.com下载。咨询可致电：010-88379375，服务QQ：945379158。

图书在版编目（CIP）数据

现代销售技术/江帆，谭宇均主编．—北京：机械工业出版社，2021.8（2024.4重印）
高等职业教育市场营销专业系列教材
ISBN 978-7-111-68703-0

Ⅰ．①现… Ⅱ．①江… ②谭… Ⅲ．①销售学—高等职业教育—教材 Ⅳ．①F713.3

中国版本图书馆CIP数据核字（2021）第139408号

机械工业出版社（北京市百万庄大街22号　邮政编码100037）
策划编辑：乔　晨　　　责任编辑：乔　晨
责任校对：张　力　　　封面设计：鞠　杨
责任印制：单爱军
北京虎彩文化传播有限公司印刷
2024年4月第1版第3次印刷
184mm×260mm・12.5印张・277千字
标准书号：ISBN 978-7-111-68703-0
定价：39.80元

电话服务　　　　　　　　　网络服务
客服电话：010-88361066　　机　工　官　网：www.cmpbook.com
　　　　　010-88379833　　机　工　官　博：weibo.com/cmp1952
　　　　　010-68326294　　金　书　网：www.golden-book.com
封底无防伪标均为盗版　　机工教育服务网：www.cmpedu.com

前言

"销售"是企业产品从工厂到最终消费者的必经环节,无论产品、市场、消费者如何变迁,销售都是企业的永恒话题。怎样找到合格的销售人员,怎样做好销售,怎样提升销售业绩,对很多企业来说都非常困难。

本书的编写以理论与实操案例相结合,配有电子课件、教学视频等配套资源,既符合广大高校师生的教学需求,又能满足各行业销售人员的阅读需求,具有广泛的市场前景。本书主要具有以下两个创新点:

(1)本书的内容遴选是以销售工作过程为基础,根据实际销售工作中的七个步骤(销售准备、顾客开拓、顾客接触、销售洽谈、处理异议、促单成交、售后服务)形成章节的主要脉络;并紧扣销售工作中的核心专业知识和技能,来选取撰写内容,具有较强的应用性和实践性。书中大量案例和话术经过企业检验,在实施过程中切实提升了企业销售业绩,可操作、可复制、有价值。对学生专业知识的掌握和解决实际问题能力的提高具有极大的促进作用。

(2)本书的配套资源丰富。本书为广东省精品资源共享课程"推销实务与技巧"的配套教材,配有网络教学平台,积累了大量的课内外学习资源。本书设有"内容结构思维导图""引例""同步案例""同步实训""单元案例""单元自测题"等栏目,并在每章配有"课件""微课视频""教案""同步网络资源库"等教学资源,是一本内容完整、形式多样、学习资源丰富的新型教学用书。

本书由江帆、谭宇均担任主编。江帆负责编写第一、三、四、五章,以及制作电子课件和微课视频;谭宇均负责编写第二、六、七、八、九章。参编人员高凤荣、刘红负责章节统筹,王璐、陈舒负责案例资料收集等。

编 者

微课视频二维码索引

序号	名称	二维码	页码	序号	名称	二维码	页码
1	销售的准则		6	6	FABE演示法		95
2	挖掘产品的卖点		16	7	SPIN提问法		98
3	销售礼仪		34	8	处理异议的方法		113
4	目标顾客的识别		47	9	成交策略		137
5	赞美接近法		63	10	提升顾客满意度		162

Contents 目录

前言
微课视频二维码索引

01
第一章　销售概述 //001
第一节　销售的内涵 //003
第二节　销售三要素 //012

第二章　销售准备 //025
第一节　形象与物品的准备 //027
第二节　知识与信息的准备 //030
第三节　能力与素质的准备 //034

03
第三章　顾客开拓 //043
第一节　识别顾客 //044
第二节　寻找顾客 //050

第四章　顾客接触 //057
第一节　约见顾客 //058
第二节　接近顾客 //063
第三节　建立顾客信任 //067

05
第五章　销售洽谈 //079
第一节　销售洽谈概述 //080
第二节　销售洽谈的策略 //087

目录 Contents

第六章　处理异议 // 103
第一节　顾客异议概述 // 104
第二节　处理异议的策略 // 113

第七章　促单成交 // 129
第一节　成交概述 // 130
第二节　成交策略与合同签订 // 137

第八章　售后服务 // 151
第一节　售后服务概述 // 152
第二节　售后服务的策略 // 162

第九章　销售闭环管理 // 173
第一节　销售闭环管理的步骤与策略 // 175
第二节　顾客关系对销售闭环的影响 // 182

参考文献 // 191

第一章
销售概述

教学导航

◆ **知识目标**

◎ 了解现代销售的准则、基本流程及历史变革
◎ 熟悉销售三要素的相关知识
◎ 理解销售的内涵、特征及实质
◎ 掌握营销与销售的区别

◆ **能力目标**

◎ 能阐述销售的内涵和实质
◎ 能阐述销售的准则和基本流程
◎ 能区分营销与销售,说出二者的异同
◎ 能运用销售三要素的相关知识进行销售

前辈谈"销售"

被誉为"全球最伟大的销售员"的美国汽车销售大王乔·吉拉德说:"销售员推动了整个世界。如果我们不把货物从货架上与仓库里面运出来,美国整个社会体系就要停摆了。"

欧美负有盛名的国际销售协会名誉会长、著名的销售专家海因兹·姆·戈德曼说:"销售就是要使顾客深信,他购买你的产品会得到某些好处。"

日本销售之神原一平说:"销售是一项报酬率非常高的艰难工作,也是一项报酬率最低的轻松工作。销售就是热情、战斗、勤奋、忍耐、勇气,也是执着的追求和时间的魔鬼。"

中国销售协会在聆听了各个行业里的多个杰出销售代表发言后,把销售工作的内涵归结为以下几点:

(1)态度:这对顾客而言非常重要,这里指的态度不光是服务态度,还包括做事的信心和决心,只要有好的学习态度,任何事情都可能做成。

(2)技巧:全盘技巧,包括销售技巧和临场应对技巧。了解其真正需求,要注意聆听顾客的诉说和心声,逐步击破。

(3)需求:销售最重要的是抓住顾客的需求,在聆听顾客时能抓住顾客的核心需求,并通过产品满足它,这是促成交易的关键。

(4)周边知识:除产品的核心性能和基本知识外,还需了解其周边多方面的知识。例如产品是地板,则销售员应懂得装饰、装修方面的知识,包括装修风格、色彩搭配技巧等,这往往是促成交易成交的重要原因。

(5)辅助的销售工具:要适时借助一些产品辅助工具,如资料、图片,包括产品的样板、资质证明、检测报告、产品品牌的宣传视频,以及一些产品的实验台等;这些辅助工具越多、越有针对性越好。

讨论:所谓"销售",你应该如何理解?

从上述案例可看出,现代销售是一种具有很高挑战性的工作,必须给顾客带来利益;是人与人之间的交流、理解、说服以及采取购买行动的过程,是现代经济运行过程中极为关键的一个环节,渗透在社会的方方面面及人们的日常生活之中。有专家认为:销售无处不在、人人都是销售员、事事都需要销售。

现代销售,过去又称为"推销"或"硬销",从字眼表面可看出,过去的销售工作带有一定的强迫性和强硬性,说起"推销"就让人觉得被迫买东西一样。随着时代进步和市场变革,营销学界逐渐将"推销"二字转化成"销售",使该概念的范畴更广、内涵更深,更符合现代社会的市场特点。因此,本书中的"销售"泛指现代销售。

第一节　销售的内涵

一、销售的含义

（一）销售的含义

狭义的销售是指销售员直接与潜在顾客接触、洽谈、介绍产品、进行说服，促使其采取购买行动的活动；是市场营销组合4Ps中促销（Promotion）里的人员销售（Personal Selling）。

广义的销售不限于产品交换，泛指一切说服活动，使别人接受我们的物品或者某种观点。广义的销售概念在生活中无时不在、无所不在。例如，各种性质的谈判、学生毕业求职面试、以人为本管理思想下计划的贯彻执行、政治家的游说演讲，甚至婴儿的啼哭与微笑，等等。

> **同步案例　　苏秦的"连横合纵"**
>
> 战国时期的苏秦是"连横合纵"战略的主要策划人员之一。苏秦成名之前是一个穷困潦倒的书生。头悬梁、锥刺股，刻苦攻读，以期有朝一日能改变自己的命运。除了努力学习书本知识外，他非常关注政治时局的变化。当时，秦国日益强大，吞并诸侯国的野心不断膨胀。苏秦判断未来的天下必在秦国，自己人生光明的前途也将身系秦国。
>
> 于是苏秦准备了非常翔实的资料，拟定了"连横"的政治和军事策略（连横是指各个击破），游说秦王。他采用例证法，列举了很多先前有名的帝王成就伟业的例子，怂恿秦王尽快发动攻打六国的战争。其语言洋洋洒洒，口才滔滔不绝，秦王听得心花怒放。但他毕竟是一国国君，办事讲究老谋深算，不愿意轻信这个远道而来并急于推销其政见的年轻书生，拒绝采纳苏秦的主张。
>
> 苏秦只得收拾行李，准备回家。回家后他觉得自己一败涂地，很郁闷。可是，他并没有一蹶不振，他信奉哪里跌倒就在哪里爬起来。既然秦国不采纳自己的主张，就转到秦国的对立面，帮助六国攻打秦国。
>
> 又是一番精心的准备，这次的主张是"合纵"（合纵是指六国要团结，以防被各个击破）。首先，游说赵国。这个地处秦国旁边，实力弱小的国家，面对虎视眈眈的秦国，正在整日发愁呢。苏秦的到来，真是雪中送炭。"见说赵王于华屋之下，抵掌而谈，赵王大悦，封为武安君。"苏秦一举成功，拿到了相印，并获得黄金万镒作为"合纵"战略实施的资费。这时的苏秦无限风光。
>
> **点评**：苏秦何以取得成功？首先，是他雄辩的口才；其次，是他的胆识；最重要的是，他对时局有着透彻的分析和准确的把握，提出行之有效的方案，并善于揣摩关键人物的心理。而对时局的分析和心理的揣摩，就是消费者需求的分析和满足。

现代销售技术

从上述案例可知，广义销售所使用的方法、手段及其实质，都与狭义销售是一致的。因此，我们要培养敏锐的观察力，将日常生活中广泛存在的销售方法运用到产品销售活动中来。

（二）销售的特征

1. 主动性

销售的主动性是指销售过程中的每一个环节，都是销售员主动行动的结果。销售员主动选择适当的时机加以引导和说服也是销售成功的必备条件。为了争取顾客的信任，让顾客接受企业的产品，从而采取购买行动并重复购买，销售员必须将产品的特点和优点耐心地向顾客做宣传和介绍。

2. 灵活性

现代销售是一门艺术，需要销售员巧妙地融诚信、知识、天赋和才干为一体，根据不同的环境和所面对的顾客灵活运用多种销售技巧来满足顾客的需求。一个成功的销售员，应在充分了解销售对象的基础上，有针对性地制定销售策略，揣摩顾客购买心理的变化过程，酌情灵活地调整销售方法和技巧，以促成双方交易。

3. 互动性

销售是一个由销售员与顾客信息传递和反馈的双向沟通过程。正是这种信息传递的双向性，为销售员成功运用和调整销售策略提供了广阔的空间。在整个销售过程中，买卖双方都在向对方传递信息。销售员在向顾客提供有关产品、售后服务等信息的同时，必须观察顾客的反应，了解顾客对企业产品的意见和要求，然后把得到的需求信息反馈给企业。

销售小知识

营销与销售的区别

很多人会把营销等同于销售或推销，其实这是错误的。两者有着本质的区别，主要体现在以下两个方面：

1. 流程上的区别

营销学之父菲利普·科特勒认为：营销是个人和集体通过创造产品和价值，并同别人自由交换，来获得其所需所欲之物的一种社会和管理过程。可见，营销是一个系统的活动过程，包含企业的调研、计划、制定策略、产品销售及控制、修改、评估等方面，涉及生产、分配、交换、消费的全过程。而销售仅仅是营销流程中的一个小小的阶段，营销组合中的一种促销手段而已。

2. 思想观念上的区别

营销观念与销售观念的区别如图1-1所示。

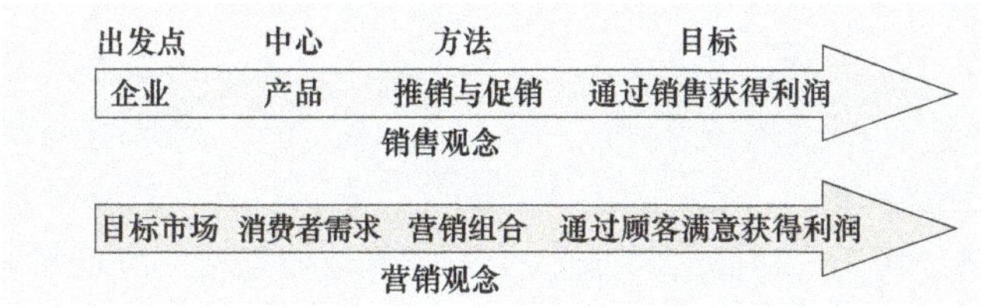

```
出发点      中心      方法           目标
企业        产品      推销与促销     通过销售获得利润
                     销售观念

目标市场  消费者需求  营销组合    通过顾客满意获得利润
                     营销观念
```

图1-1　营销观念与销售观念的区别

过去的销售观念是从企业角度出发,以售卖的产品为中心,通过使用销售策略和技巧售卖产品从而获得利润,重点在于"售卖那些生产出来的东西";而营销观念则是从市场角度出发,以消费者需求为中心,通过使用营销组合策略作用于目标消费者,以令顾客满意来获得利润,重点在于"生产那些能够卖得出去的产品"。

可见,营销观念要比销售观念的层次更高,更聪明一些。但在实际的销售工作中,销售员也可运用营销观念来指导,促使销售工作完成得更顺畅和完美。两者并不冲突。

二、现代销售的实质

(一)售卖产品的使用价值

使用价值是指产品能够满足顾客某种需要的看得见的、有形的利益和好处,是顾客购买产品的主要目的与要求。使用价值往往是产品的核心功能和主要卖点,也是销售员向顾客售卖的具体内容。因此,销售员应向顾客重点售卖产品的使用价值,以满足顾客购买产品的需求。

(二)售卖产品的差别优势

差别优势是指产品拥有的高于或有别于其他同类产品使用价值的那部分价值。科学的进步和技术的普及,使产品间的差别越来越小;大量无差别的产品使顾客在购买时难以辨别,也难以进行购买决策。因此,销售员应该挖掘并注意向顾客售卖产品的差别优势,使顾客认识到购买该产品将比购买其他产品获得更多的价值。

(三)售卖顾客需求的满足

很多现实的销售案例证明,无论销售员向顾客销售什么,关键都是顾客的需求是否能获得满足。只有当售卖的产品能满足顾客需求时,顾客才会积极购买。由于顾客需求具有多样性、层次性、发展性、可诱导性的特点,销售员应认真研究顾客需求的类型,既要满足物质需求,又要满足心理需求。

同步案例　这里的手机有"雷电"显示吗?

一位内地顾客到香港某手机专卖店买手机,他问销售员说:"这里的手机有'雷电'显示吗?"由于粤语"雷电"二字与普通话"来电"发音相似,该销售员误以为他是想买一部具有来电显示的手机,马上热情地招呼道:"来电显示这个功能十几年前就有了,这里的每一款手机都具有这个功能;就让我先为您介绍我手上的这款吧,它是采用最新防水材料做的,不但防水而且防尘、防滑、防臭……""听我说呀,我说的雷电显示是指让这个手机及时显示出什么时候刮风,什么时候下雨,什么时候打雷……"顾客打断销售员说,销售员指着手上的手机说"这款就有呀,你可以打电话到天文台,听天气预报就清楚了。"顾客看着销售员,摇摇头说声"谢谢"就头也不回地走了,身后的销售员叫也叫不住。

点评:营销的核心理念是"以消费者的需求为中心",这个案例正好体现了这一中心。顾客最终走掉是因为该手机店里的产品终究不能满足他的需求,也就是说,即使企业产品做得非常好,但不能满足消费者的需求也是枉然。本案例里的销售员非常优秀,他从头到尾都在做一件事情:想方设法满足顾客的需求,这也是销售工作的核心任务。

(四)售卖创意和理念

售卖创意和理念是销售的最高境界,是销售产品的品牌、形象与文化。品牌、形象与文化看似无形却有形。当一个销售员达到"产品如人品"的境界时,销售员、企业、顾客以及社会四者的利益就能很好地结合,实现真正的共赢和多赢。

三、现代销售准则

销售准则是人们基于对销售规律的认识所概括出来的销售活动的依据和规则。它是销售活动的指导思想和基本原则。销售员掌握和遵从销售准则,可建立顾客对其及产品的信心和好感,以提高销售活动的成效。

(一)以顾客为中心

以顾客为中心,是现代销售的出发点和归宿,是培养忠诚顾客,实现长期销售目标的重要途径。日本销售之神原一平认为,"顾客永远是销售员的财神,他们的决定永远是正确的。"销售员若不能真切地了解顾客的内在需求,在售卖品与顾客需求之间架设起一座桥梁的话,销售是不可能成功的。因此,销售员必须做到:①注重调查研究,发现顾客的真实需求;②注重信息的传递和反馈,成为企业与顾客沟通的纽带;③注重产品的销售策略,促进产品销售;④注重售后服务,使顾客买得高兴、用得满意、购后放心,免除顾客的后顾之忧。

销售的准则

行家谈经验

如何抓住顾客的需求

我非常注重了解顾客的需求,然后,再以顾客需求为出发点来介绍产品,这样往往更加容易达成交易。某次,有位顾客到店,经过一番沟通了解后,我得知顾客有一个自建房,目前还没进场装修,木地板面积大概为180平方米,并且这是顾客第二次装修房子,有一些装修经验,没有找装修公司的意向;但是在交谈过程中,顾客表现出了几个方面的焦虑:①因为装修两套房的时间比较接近，资金方面比较紧张；②由于他不准备找装修公司，对所期待的装修效果犹豫不决；③由于自己对装修不是很精通，很担心装修过程中出现返工，浪费精力、财力。

我泡茶让顾客坐下，在此过程中顺便整理思绪，对症下药。首先，我给顾客提一些装修中应注意的事项，如吊顶的高度等，并且刻意避开木地板的环节，防止顾客有被推销的心理产生。然后，我给顾客建议了一些装修风格，并且现场给做装修设计的朋友打电话咨询，解决顾客迷茫的装修心理。最后，我才根据顾客的经济承受力，推荐一款价格适中的地板，并且承诺从订单签订到安装期间任何一次活动价格都以此为最低价。经过一个小时的沟通，最终成功签下订单。

（二）遵循道德规范

现代销售职业中，道德规范比销售技巧更重要。一个有高德商的人，一定会受到信任和尊敬，获得更多的成功机会。较高的道德品质不仅是销售员的美德，更是销售职业成功的保障。销售过程必须符合商业道德，这有助于增强人们对销售员的信任。销售员必须努力去做有利于顾客和他所代表的公司的事，不做对顾客无益的交易。

> **职业提示**
>
> 中共中央国务院印发实施的《新时代公民道德建设实施纲要》中规定，"推动践行以爱岗敬业、诚实守信、办事公道、热情服务、奉献社会为主要内容的职业道德，鼓励人们在工作中做一个好建设者。"《新时代公民道德建设实施纲要》对职业道德的这种规定，既体现了时代的鲜明特征，又概括了社会主义市场经济条件下各种职业道德的共同特点，所以它适用于各行各业，是对各种职业道德的共同要求。因此，销售员必须遵循《新时代公民道德建设实施纲要》中的职业道德要求，销售过程符合职业道德，具有牺牲精神，不能只顾自身的销售利益，更不能为了自身利益而损害企业甚至国家的利益。

（三）互利互惠，双生共赢

该原则是指在销售过程中，销售员以交易能为双方都带来较大的利益为出发点，它强调买卖双方的共同利益。顾客之所以进行购买，就在于交易后能得到某种满足或得到大于付出的利益。销售员决不能从事给一方带来损失的销售活动。因此，实现企业和顾客共生双赢，是实现顾客不断重复购买，取得顾客良好口碑传播效果的基础和条件，是培养长期顾客、忠诚顾客，实现自身利益最大化的必由之路。

四、现代销售的基本流程

销售的工作流程可分为七个步骤（如图1-2所示），也称为"销售七步曲"，本书最后一章将其归结为"销售闭环管理"。其中，销售准备、顾客开拓、顾客接触是销售工作成

现代销售技术

功的前提与基础；销售洽谈、处理异议、促单成交则是销售工作的主要内容；售后服务也是销售过程中关键的一个环节。

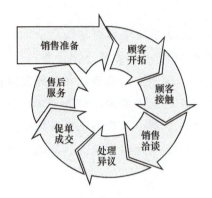

图1-2　销售工作基本流程图

（一）销售准备

古言云：凡事预则立，不预则废。销售前的准备是否充分，会影响销售能否成功。只有做足了充分的准备，在面对顾客的时候，才能有的放矢。作为一名销售员，接触顾客前的准备工作，可概括为三部分：形象与物品的准备，知识与信息的准备，能力与素质的准备。

（二）顾客开拓

顾客开拓是指寻找本企业所提供产品的潜在或现实购买者，而顾客主要指目标顾客。销售员在尽可能收集目标市场顾客相关信息资料的基础上，运用各种方法和手段寻找尽量多的潜在顾客，并根据支付能力、决策权力和特定需求加以筛选和分类，以寻找到最有可能购买的顾客并进行拜访。

（三）顾客接触

顾客接触包括约见顾客、接近顾客以及建立顾客信任三个步骤。约见顾客是销售员征求顾客同意接见洽谈的过程，是销售成功的开始，成功约见是销售成功的先决条件。接近顾客的方法多种多样，销售员还应考虑不同的时间、地点、方式、方法对销售效果的不同影响。

（四）销售洽谈

销售洽谈是指销售员运用各种方式、方法、手段与策略去说服顾客购买的过程，也是销售员向顾客传递信息并进行双向沟通的过程。洽谈的内容包括产品、价格、售后服务、质量、运输、付款结算等，洽谈的技巧和方法包括FAB演示法、QSSST标准设定法、BPS痛苦放大法、SPIN暗示提问法等。

（五）处理异议

一般而言，顾客在洽谈中提出自己的异议是非常正常的。作为销售员永远要记住，

"异议既是成交的障碍，也是成交的信号。"优秀的销售员都能有效地将顾客的异议转化为成交，并与顾客建立良好的关系。顾客异议处理能力的高低是检验销售员销售水平的重要指标之一。

（六）促单成交

促单成交是指顾客同意销售员的建议，做出购买行动的行为。它是销售过程的成果和目的，是整个销售活动的高潮与关键，是优质服务赢得顾客信任、满足顾客需求的结果。只有成功地达成交易，才是真正成功的销售。销售员一定要树立"成交不是销售的结束，而是下一次成交的开始"的理念。

（七）售后服务

售后服务是销售工作非常重要的环节。从营销学产品整体概念的角度分析，售后服务是产品的组成部分。优质的售后服务容易打动消费者，提高消费者的满意度和忠诚度，提高企业的竞争能力和持续发展能力。达成交易后，销售员要主动拜访顾客，实行跟踪服务，兑现销售承诺，履行服务职责。

> **同步实训**
>
> **现代销售流程演示**
>
> 假设你是一名工业涂料（如机械设备漆、防腐油漆等）销售员，在销售过程中需要做到销售准备（学习涂料知识）、顾客开拓（参加展会、陌生拜访）、顾客接触（电话约见）、销售洽谈（当面试油）、处理异议、促单成交、售后服务七个环节。请你演示该产品销售的全过程。
>
> 以组为单位进行演示，采取组员评价与教师评价相结合的方式对学生进行评价。

五、现代销售的变革

消费市场已经从互联网经济时代，进入了"网红粉丝"经济时代。俗话说，您的粉丝量，决定了您的收入。至此，顾客的消费观念发生了前所未有的改变。若销售员还抱着老皇历，走着老路子，一定去不到新地方。那么，销售员要做出哪些变化呢？最少有以下四点变化，值得销售员去研究。

（一）从卖产品到卖服务

在工业化生产高度发达，产品严重同质化的时代，无论哪个工厂生产的产品几乎都具备了顾客想要的使用属性，单纯从产品上已经很难区分其好坏。这时，顾客会从产品的服务上判断，选择自己认为更适合自己的产品。服务可以分为售前服务、售中服务、售后服务，每个环节的服务都做到位了，才能够有效打动顾客，促使其购买，特别是售后服务，做好了，更能让顾客重复购买及转介绍朋友购买。

销售小知识

家居建材类产品的售前、售中、售后服务体系见表1-1。

表1-1 家居建材类产品的售前、售中、售后服务体系

项目	内容
1. 售前服务	
免费验房	新小区交钥匙的时候，免费为业主提供验房服务
免费量房	在顾客选择地板之前，免费上门测量铺装的面积
专车接送	去新小区，专车接送来店购买地板的顾客
免费刮平	在顾客家里刚做完地平的时候，按铺装地板的标准，为顾客刮平
免费送样	为还没有下单的顾客免费送一箱样板，上门试铺看效果
2. 售中服务	
独特体验	进门送红玫瑰，坐下请喝茶和咖啡，离开送红酒和手串
专业跟进	标准的服务礼仪、礼貌，专业的话术引导，专业的方案制定
点餐服务	给顾客茶饮单点饮料；午饭、晚饭时段给顾客菜单点快餐
免费出图	为有意向的顾客免费设计装修效果图
家装咨询	为顾客提供更多的家装咨询服务
3. 售后服务	
VIP群服务	将老板、店长、销售员、工长、安装工人拉一个群，专门服务一个顾客
专业安装	提供比同行更专业的地板安装服务，铺装现场的卫生更干净
专人回访	安装后有专人电话回访安装的满意度
上门保养	每半年上门为顾客做一次地板打蜡保养
生日鲜花	每年顾客生日送上鲜花

（二）从看质量到看颜值

以前顾客的消费都比较注重品牌，认为品牌就是一种保障，一种社会的认同。但现在的消费市场，对品牌的黏性已经跌到了历史最低点。顾客对品牌的忠诚度越来越低，众多重视设计、重视颜值的新品牌，像雨后春笋，拔地而起，赢得了更多顾客的青睐。以手机品牌为例，十几年前大家追求的大品牌、老品牌几乎全部消失，如诺基亚、摩托罗拉、爱立信等。随之而来的是在手机领域里大家以前并不怎么熟悉的品牌，如OPPO、VIVO、一加等，异军突起。

销售小知识

根据知名数据统计公司IDC公布的报告，2020年全球智能手机出货量达12.923亿部，见表1-2。2020年全球智能手机出货量排行榜中前三甲分别是三星、苹果和华为，出货量分别为2.667亿部、2.061亿部和1.89亿部，第四名和第五名分别为小米和vivo，国产厂商占据了三位。

表1-2　2020年全球智能手机出货量排行榜

品牌	2020年出货量（百万部）	2020年市场份额	2019年出货量（百万部）	2019年市场份额
三星	266.7	20.64%	295.8	21.55%
苹果	206.1	15.95%	191.0	13.92%
华为	189.0	14.63%	240.6	17.53%
小米	147.8	11.44%	125.6	9.15%
vivo	111.7	8.64%	110.1	8.02%
其他	371.0	28.71%	409.5	29.83%
总计	1292.3	100.00%	1372.6	100.0%

（三）从看价格到看体验

目前的市场竞争已经从单纯的价格竞争，迈向了体验竞争。注重与顾客的情感连接，注重顾客的消费体验，注重顾客的黏度管理。很多销售卖场的布局都从传统的销售中心，转为顾客体验中心。例如：新华书店已经不只卖书了，也已开始卖咖啡；星巴克的体验也开始升级了，从第三空间打造，到现在可以体验整个咖啡的出品过程了。所以，有好的体验，才会带来更多的顾客，才会黏住一批忠诚顾客。

同步案例　盒马鲜生——体验零售新模式

"盒马"是阿里巴巴集团旗下以数据和技术驱动的新零售平台。它结合"传统商超+外卖+盒马APP"，开创了互联网驱动、线下体验的复合模式，一定程度上成为新零售模式的标杆。

盒马鲜生从本质来说还是一种线下的零售超市，但与传统超市最大的区别就在于它在保证用户体验的前提下，完美融入大数据、移动互联网、物联网等智能化技术，形成了集生鲜食品超市、电商、餐饮和物流配送于一体的多业态商业集合体，实现了线上线下多方面创新的零售模式。

盒马鲜生主力打造"吃"的体验场景，在对待食材的态度上，就一个字"鲜"。每日提供新鲜的蔬菜、肉类、牛奶等，通过小包装的销售方式解决传统超市因过量而导致浪费食材的问题；同时推动"生熟联动"的体验方式，即消费者在选购水产品之后可选择在门店"即做即吃"的模式。除新鲜的食材之外，盒马鲜生也在倡导新鲜的生活方式，如在门店中提供各式各样的体验场景，引导消费者去拍照、分享，创造新的生活观念和新鲜有趣的做饭方式等，以培养消费者的黏性与消费习惯。

点评：盒马鲜生是在互联网时代联合智能技术创新零售模式的全新尝试。其注重线上线下联动，注重消费者的体验和感受，是传统超市改革的好榜样。在当前的时代背景下，新零售模式将势不可挡。

（四）从卖单品到卖解决方案

顾客的时间观念越来越强，都希望能"三个一"就完成：一个公司，一张合同，一次搞定。能在一家公司配齐的，绝不会想走第二家；能用一张合同就搞定的，绝对不会再来一轮新合同谈判；能一次性搞定的，绝对不想跑第二趟。所以，销售员一定要注意顾客的真正需求是什么，他们要的不是一件你卖出去的单品，而是一个能解决问题的方案。

第二节　销售三要素

一、销售主体：销售员

销售员是销售活动中的主体，其基本职责就是销售企业的产品，是企业营销的第一线职员。销售工作极具挑战性，工作过程中也会经常遇到各种问题和困难，要胜任销售工作，销售员必须具备一定的素质和能力。

（一）销售员的素质与能力

如图1-3所示，销售员需具备的基本素质包括知识广博的知识素质，诚实守信的道德素质，身体强健、形象良好的身体素质，以及自信乐观、坚持不懈、勤奋进取等心理素质。

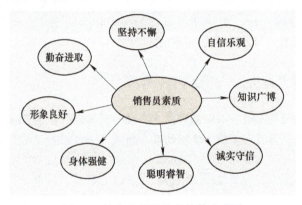

图1-3　销售人员需具备的基本素质

> **职业提示**　党的十八大报告明确提出24个字的社会主义核心价值观，其中诚信是公民基本道德规范。它强调的是"君子立言，一诺千金；君子处事，诚信为本"。以诚信为荣，这不仅仅是中华民族每个公民的立身处世之本，更是我们国家得以繁衍生息、欣欣向荣的强大精神支柱；将诚信二字内化于心，外化于行，切实践行社会主义核心价值观是每一个公民的责任。因此，诚实守信是销售员应具备的一项可贵的道德素质。

知识广博可以帮助销售员更好地了解自己的销售对象和环境，更透彻地了解人的本性、动机和行为模式，从而增强自己的售卖信心和顾客的购买信心；而现代企业的销售工作流动性大，活动范围广，连续作业时间较长，强健的身体可以帮助销售员更好地胜任这份艰巨的工作；诚实守信则要求销售员设身处地地为顾客着想，真心诚意地为顾客服务，既能让顾客得到应得的利益，也能维护企业和自身的利益；销售员会经历挫折和打击，要应对形形色色的销售对象，强大的内心是保证销售工作顺利进行的前提条件。因此，乐观、勤奋、积极、坚持等心理素质必不可少。

第一章 销售概述

销售小知识

不同层次的销售员素质见表1-3。

表1-3 不同层次的销售员素质

优秀销售员需具备的素质	顶尖销售员所具备的素质
锲而不舍的精神	精力充沛
乐观自信的心态	充满自信
灵活的思维方式	渴望成功
良好的个人形象	勤奋刻苦
诚信的道德品质	把阻力看作挑战

行家谈经验

一波三折的成交经历

2019年5月，我通过商业联盟活动认识了顾客谭先生。首先，我通过电话将其成功预约到店进行面谈，并且让一名专业店员转化成技术讲解员为他讲解装修知识，重点讲解色彩搭配和环保知识。经过半小时的沟通，谭先生基本接受了我们的一些建议，但没有开单。

过了三天，我又一次联系谭先生，在交谈中我了解到谭先生与我们竞争对手的销售员是亲戚关系，碍于面子一直在纠结。我给谭先生讲解了地板和环保关系的话题，也向其灌输地板是耐用品，质量和售后服务很重要的观念，并通过性价比来打动谭先生。可惜第二次的交谈也没能开单，不过我知道谭先生的犹豫就证明我还有机会，因此我并没有放弃。

又过了一周，我再次约见了谭先生。这一次我做好了充分的准备，把地板环保工艺的介绍视频及安装后的实际效果图一并展示给谭先生观看，谭先生很满意。最后，通过我的不断努力，打动了谭先生，成交了价值两万多的产品。这次一波三折的成交经历，证明了销售应该坚持不懈，不要轻言放弃，耐心地对待顾客。最终，努力是不会白费的。

如图1-4所示，销售员需具备的通用能力包括观察、沟通、创新、抗压、合作等。观察和沟通能力是销售员需具备的最基本的能力，这两种能力越强，越有利于销售工作的完成；抗压和合作能力是销售员的辅助性能力，也能保障销售工作的顺利完成；随着时代发展，创新能力显得尤为重要，善于运用创新思维，销售中的很多难题便能迎刃而解。

图1-4 销售员需具备的通用能力

同步实训　如何销售保险

第二次世界大战时期，美国政府向士兵们推出保险购买福利，但由于士兵们马上要上战场打仗了，谁也没心思考虑买保险，结果买的人极少。美国政府觉得这么好的福利大家都不珍惜，于是派了一位军官向士兵们销售保险。结果，这位聪明的军官只向士兵们说了一句话，大家就争相地购买保险了。

请代入军官角色，演示其销售保险的过程。

（二）销售员的管理

销售员是完成销售的决定性力量，一支强大的销售队伍可以为企业带来优秀的销售业绩。因此对销售员进行管理，是企业管理的重要一环。销售员的管理一般包括销售员的选聘、培训、评估和激励四个方面。

1. 选聘

销售员是企业一线工作人员，其素质的高低直接决定了企业的销售业绩。选聘销售员一定要慎重，素质和能力低下的销售员有可能给企业带来重大损失。因此，选聘时不仅要考虑其专业能力，更要考察品德、意志力、团队合作意识与工作态度等。一般情况下，新聘任的销售员在其正式上岗前，还需要对企业历史、文化、组织结构、业务流程、产品知识、市场概况等有全面了解。

2. 培训

销售培训是指企业根据销售员的实际情况，如工作能力、方法、技巧、态度、新产品知识等方面展开有针对性的培训。企业可聘请业界销售明星、营销专家开展交流与讲座，宣讲产品演示技巧、沟通技能、顾客资源管理等内容，提升销售员的综合素质与业务能力；也可通过传达企业发展信息、新产品研发情况，激励销售员的积极性。

3. 评估

销售绩效评估是一个复杂的过程，不能简单地从销售额、销售量等指标进行评价。对销售绩效的评估，既要讲求质量，也要讲求数量；既要考察当前，又要考察长远。对销售员常用的绩效评价指标有销售额，销售利润，销售资源占用率，拥有的顾客数量、质量及新顾客开发情况,以及其他辅助指标,如工作热情、团队合作精神及坏账情况等。

4. 激励

销售员的激励是以对其正确、客观评价为基础的,激励对销售员来说非常重要。薪酬制度是一个企业激励员工的重要依据,薪酬设计要体现公平原则,与销售员的工作内容和业绩挂钩。目前,大多数企业对销售员采用"工资+提成"的薪酬结构,即企业在支付给销售员一定的固定工资的同时,根据其销售业绩,再支付一定的销售奖金或提成。

> **销售小知识**
>
> **企业常用的激励方法**
>
> 物质激励:指向销售员颁发资金、奖品等额外报酬,或晋升其职位。这种方法能直接起到激励效果,但使用时要与目标激励相结合,并要注意激励的时机与程度。
>
> 精神激励:指对销售员予以表扬、颁发奖状、授予荣誉称号、给予免费脱产培训机会等。这是较高层次的激励,与物质激励结合使用,效果更好。
>
> 目标激励:指企业事先确定销售目标,如销售量、销售额、需拜访与开发的顾客数量,让销售员提前知道自己的目标与责任,有助于实现销售业绩。
>
> 销售竞赛:指企业定期或不定期进行销售比赛,获胜者可以得到一定的精神或物质奖励。这种方法在激发销售员的求胜心理的同时,也能促进完成企业一定的营销目标。

二、销售客体:产品

销售的产品是销售活动中的客体,指销售员向销售对象售卖的各种有形与无形产品的总称,包括产品、服务和观念。产品的销售活动是对有形产品与无形产品的推广过程,是向顾客实施服务、倡议消费新观念的过程。

(一)整体产品的概念

现代营销学认为,产品是具有使用价值的实体,如图1-5所示,它包括三个层次的内容:

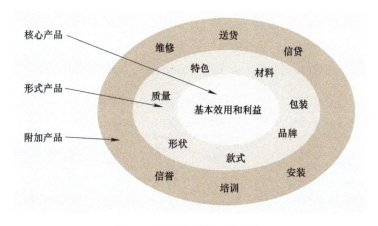

图1-5 整体产品的三个层次

现代销售技术

（1）核心产品，指能给顾客带来效用和利益的产品。这是满足顾客需求的核心，是顾客真正想购买的基本利益。

（2）形式产品，指核心产品借以实现的形式或目标市场对某一需求的特定满足形式，包括产品的质量、形状、款式、品牌、包装、材料、特色等。它是核心产品的表现形式和载体。

（3）延伸产品，也称为附加产品，是指顾客购买产品能获得的追加利益和服务，包括信贷、信誉、送货、安装、培训、维修等销售服务。

销售员要充分相信自己的产品，对产品三个层次的概念必须十分清楚，并对竞争产品有较清晰的了解，从而对自己销售的产品建立起信心。这样在向顾客做销售介绍时，便能根据顾客的不同需求有目的地做出有理有据的阐述，更加主动、有效地处理顾客的各种异议。

整体产品的理解

请运用整体产品的概念，说出"小米手环"的三个产品层次。
以组为单位完成，进行小组互评和教师点评。

（二）挖掘产品的卖点

要想成功售卖自己的产品，挖掘产品卖点是关键。想要成为产品卖点，必须同时满足三个条件：优于别人、可验证及没有形容词。例如，"内容最全、速度最快、性价比高"等这些词语能作为卖点吗？答案是否定的。"速度最快"到底有多快？是比汽车快，还是比高铁快，抑或是比飞机还快？这些词语并不能量化和验证，因此最好不要拿来当卖点。

挖掘产品的卖点

产品卖点往往是使得产品能在行业中处于领先地位的特点，优于同行其他产品，又能满足消费者的某个前瞻性需求。因此，挖掘产品的卖点，可从产品的行业趋势、消费者的心理需求以及产品特点三个范畴入手，遵循"345原则"，即列出三个主要的行业趋势，四个可以洞察到的消费者心理，以及五个以上的产品重要特点，再在他们之间寻找交集。这样挖掘出来的产品卖点既符合行业趋势，又符合消费者心理需求，无疑是产品最突出的功能和特点。

挖掘产品卖点

请根据表1-4提供的信息，提炼苹果iPhone X手机的产品卖点。

表1-4　苹果iPhone X手机产品描述

行业趋势（3）	消费者洞察（4）	产品特点（5）
智能解锁系统的升级 石墨烯电池的应用 全面屏和虚拟按键的应用	品牌情结 智能乐趣 人性化功能 外观简约时尚	苹果十周年纪念版 5.8英寸全面屏设计 无线充电 人脸识别 竖排双摄像头

三、销售对象：顾客

顾客是销售活动中的对象，也是销售员最需要了解的人。销售员如果能比较清楚地了解各类顾客的个性特点及其内在需求，就能够适当地诱发购买者的购买行为。这就需要销售员掌握相关消费者行为的基本理论。

（一）顾客的类型

根据顾客的个性，一般可以把顾客分成以下五种类型：

1. 无动于衷型购买者

他们从不打算购买任何产品，无论它有多么好。他们通常悲观厌世，愤世嫉俗，并常垂头丧气，对任何产品都提不起兴致，即使给他们100元奖金换他们的5元订金，他们都不愿意。对于这样的顾客，应当快速识别出来，然后敬而远之，避免浪费时间。

2. 分析型购买者

他们有自制力，不会特别外向，但是非常在意细节和精度。这些人会在任何一个细节导向的行业里取得成功，他们可能会是会计、工程师、银行家，或计算机专家。他们提出的问题主要集中在产品的准确数字、细节和规格上。与他们打交道时要放慢节奏，注重细节，避免泛泛而谈，要明确清楚。

行家谈经验

如何应对缺乏主见的纠结顾客

刘女士是位非常纠结的顾客，在听了我的详细产品介绍后，对产品及价格基本没有异议，但一直纠结于色彩搭配，不知道该选哪个颜色的地板才好。我把两款地板的实际铺装效果图分别展示给她看，她却在店里整整纠结了十几分钟。我尝试着跟她说："你选A款，保证你装好后绝对满意。我现场看过A款搭配白色家具的效果……"于是，她接受了我的建议。但在搭配白色脚线时，又纠结于两款白色，不知道该选哪款；我又给她建议，让她改天带门的色卡来现场做比对后再做决定，她才欣然接受并签了单。因此，对于一些很纠结的顾客，作为销售员，不妨根据以往的案例，大胆为顾客做选择，给顾客提建议。

---

3. 感性型购买者

感性型购买者又称敏感型购买者。他们不会特别浮夸和善于言辞，并且非常在意别人。他们多半从事"帮助"型职业,如教师、人事管理专员、心理医生和社区工作者。他们的主要动机是与他人和睦相处。和他们做生意需要慢下来,保持放松,与他们融洽相处,和他们建立良好的关系。

4. 理智型购买者

理智型购买者直截了当,缺乏耐心,总想直奔主题。他们最想知道你的产品是什么,有什么效果,要多少钱。他们没有兴趣与销售员建立友好关系,比较相信自己的判断,固执;一旦形成某个意见,别人很难改变他们。面对这种购买者,不能强行售卖产品。要用商量性口吻,强调站在客观的立场等方式来介绍产品和利益。

5. 社交型购买者

社交型购买者好交际,性格外向,喜欢与他人一起工作或通过别人的帮助获得想要的结果。他们也爱帮助人,对你感兴趣而且会提很多问题。他们可能是主管、老板、交响乐指挥、大型专业公司的高级行政人员等。他们以成就为导向。和他们打交道时要把达成的协议写到纸上,否则他们很快会忘记。

销售小知识

应对部分类型顾客的话术

分析型:"张先生,我们这个房子,设计得特别坚固和耐用,比如这面墙一共用了1 625块砖,砖的质量非常好,烧制严格,一共经过了8个步骤,温度高达数百摄氏度;它的顾客满意度达到95%。"

感性型:"张先生,您知道吗?这个车型的车子,它的特点是特别舒适、安全,减震系统特别好。所以,您想象一下,您家里的老人,还有您的小孩,坐这样的车子一定非常适合。"

理智型:"张先生,看得出来您是一个比较有主见的人。您需要什么样的产品,我相信您心里已经有了比较清晰的想法和决定,我只是站在一个客观的立场,向您解释一下我们的产品还有哪些特点,能为您带来哪些好处。听完我的解说后,您一定有能力自行做出最佳选择。"

(二)顾客购买行为的基本理论

1. 马斯洛需求层次理论

马斯洛需求层次理论由美国心理学家亚伯拉罕·马斯洛于1943年提出,其基本内容是将人的需求从低到高依次分为五个层次,分别为生理需求、安全需求、社交需求、尊重需求和自我实现需求。马斯洛认为，这些需求都是按照先后顺序出现的，当一个人满足了较低层次的需求之后，才能出现较高级的需求，即需求层次。

如图1-6所示，生理需求是指人类对衣、食、住、行等的基本需求；安全需求是指人身的健康、安全，财产的安全，生活的安定等需求；社交需求是指被他人或社会群体承认、接纳和重视的需求；尊重需求是指人的社会地位需求；自我实现需求是指充分发挥个人才能，实现人生目标的需求，是人类的最高层次需求。

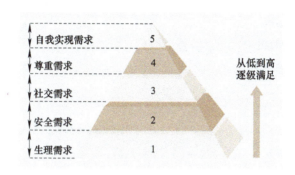

图1-6 马斯洛需求层次理论

> **同步实训　马斯洛需求层次理论的运用**
>
> 请运用马斯洛需求层次理论，进行"微波炉"的销售演示。要求突出同一产品如何满足不同层次消费者的需求。
>
> 以组为单位完成，进行小组互评和教师点评。

2. 消费者"暗箱"理论

"暗箱"理论是指消费者心理活动复杂如同暗箱，外人很难察觉其购买决策的真正动机，而只能看到其购买的外界条件和最终选择的结果。"暗箱"理论就是研究消费者行为的基本内容，即5W1H理论。

5W1H是指销售员须从六个维度全方位地了解消费者的行为特征，从而了解其内心真实想法和需求。这六个维度分别是：

（1）购买什么（What）：了解消费者知道什么，想购买什么。

（2）购买者（Who）：了解消费者在购买过程中充当的角色。

（3）购买时间（When）：了解消费者的购买行动会发生在什么时候。

（4）购买地点（Where）：了解消费者在哪里购买，在哪里使用。

（5）购买目的（Why）：了解消费者的动机或影响其行为的因素。

（6）怎样购买（How）：了解消费者怎样购买，喜欢什么促销方式等。

现代销售技术

▶ 内容结构思维导图

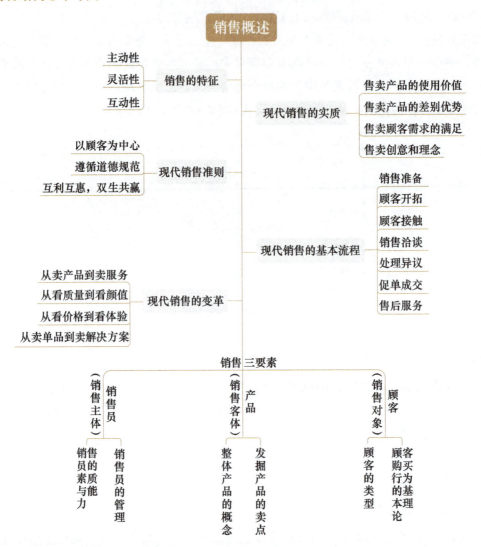

▶ 本章的重点和难点

- 现代销售的实质和基本流程。
- 营销与销售的区别。
- 产品卖点的提炼。
- 销售员的素质与能力。

单元案例

一个可爱的业务员

莫先生,一个在杂志社负责广告推广的业务员,同事们都叫他Marco。他在同事眼里是个很出色的业务员，但同时言行也有点怪异。例如，他一年四季都穿一样的西装，就没见过他穿别的衣服；他到公司饭堂吃饭会跟店员讨价还价而且说得有理有据；他在他所有的物品上面都写有"Marco私人物品"，平时和人算账会精确到一分一毫；他会把别人吃剩的饭菜打包带走，等等。

　　有一次，他租房子的时候碰到了他的同事大伟，而大伟正是招租人。边看房，房产中介就边说："莫先生，你看这房子挺好的吧？"Marco看了看他，说："大家都是销售，你能专业一点吗？应该这样说，两边的窗户空气对流，凉爽极了，到夏天可以替你节省不少电费；还有对面新修的公园，根据城市规划，未来10年都不会有遮挡……"Marco头头是道地说着，房东大伟不断点头表示同意和赞赏，房产中介都看呆了。"附近没有消防局和学校，适合我们这种不喜欢吵的白领一族。"他看着大伟说，"够不够呀？再给你一条小提示，楼下有两家通宵营业的茶餐厅，非常适合我们这种不做饭的单身贵族。"大伟忍不住对房产中介说："你看，人家比你专业多了。"

　　随后，Marco就搬进了大伟的房子。入住之前，他用相机把房子里的每个角落都拍了个遍，大伟不屑地说："租房而已，何必这么认真？"Marco理直气壮地回答："认真点好，有凭有据，好来好去。"然后他走出客厅，拿出早就准备好的合同给大伟，说："这里一式两份，是保障我隐私的协议书，我不希望我住进来后隐私被到处说。"大大咧咧的大伟大声说道："你以为我是长舌妇吗？喜欢到处说三道四。""既然是这样，签了它对你一点影响都没有呀。"Marco这话一出，顿时让大伟毫无反驳之力，看都不看就乖乖地把协议签了。随后，Marco又一本正经地和大伟说："大伟先生，你知不知道你刚签的是用6万元在我们杂志社刊登的征婚广告？"大伟大吃一惊，才连忙抢过协议来看，Marco继续说道："所以说呢，提醒你不要那么轻易相信人，说不准我月底业绩不达标真的会让你征婚呢！还不赶紧撕掉……"

　　某天深夜，大伟正睡得香，忽然被一阵电话铃声吵醒。他刚接起电话，话筒就被穿着一身西装从房间里冲出来的Marco抢走了，只见Marco精神抖擞地对电话说："冯先生您好！您肯定是刚蒸完桑拿出来了；我当然没睡，只要您有时间我就有时间，您那份广告策划书我搞定了，没问题我立刻过去，十五分钟后见。"大伟睡眼惺忪地看着Marco说："三点多了，你不是现在还要出去见顾客吧？""不好意思，我忘记把电话转到手机上了。我们做销售是24小时候命的，顾客想在这个时候见面当然迁就顾客了。这样更好，没人和我抢这个顾客呀。不和你说了，我出去了。"Marco说完，就快步出门了。

　　第二天，大伟萎靡地趴在办公桌上打瞌睡，而Marco则依然抖擞地在工作。主管走向Marco表扬他说："刚才卖花生的冯先生打电话来，说很满意你的工作态度，觉得你很有诚意，所以决定要在我们杂志多加10版刊登连页广告。连卖花生的你都能争取到十几万的生意，真不愧是我们杂志社的金牌销售呀！"Marco谦虚地说："谢谢老板，不过昨天与冯先生吃饭的车钱，超支了一点……""没问题，我给你报销，你继续努力！"主管爽快回答。在旁听到以上对话的大伟，脸上露出了复杂的表情。

问题：

你觉得Marco身上具备哪些销售员应有的素质和能力？

分析提示：

他聪明，对数字和金钱敏感，具有极强的沟通和表达能力，具有乐观积极的心态，对自己的工作专业和敬业，懂得谈判技巧和策略，这些都是成为一个优秀销售员所必须具备的素质和能力。

单元自测题

1. 下列不是销售过程应遵循的原则的有（　　）。
   A. 反对不正当竞争　　　　　　　　B. 尊重顾客
   C. 察言观色　　　　　　　　　　　D. 互利双赢
2. 下列不属于销售活动三大基本要素的是（　　）。
   A. 销售对象　　B. 销售过程　　C. 产品　　D. 销售员
3. 以下关于销售的论述正确的是（　　）。
   A. 销售就是营销　　　　　　　　　B. 销售也应该考虑顾客需求
   C. 销售是科学，更是艺术　　　　　D. 销售是艺术，不是一门科学
4. 销售活动的主体是（　　）。
   A. 销售员　　　　　　　　　　　　B. 销售产品
   C. 销售对象　　　　　　　　　　　D. 产品制造商
5. 既不关心销售员又不关心购买的顾客属于（　　）客户。
   A. 无动于衷型　　B. 分析型　　C. 感性型　　D. 理智型
6. 现代销售的实质包括（　　）。
   A. 售卖产品的使用价值　　　　　　B. 售卖产品的差别优势
   C. 售卖顾客需求的满足　　　　　　D. 售卖创意和理念
7. 现代销售的基本流程按顺序排列，包括（　　）。
   A. 销售准备　　B. 顾客接触　　C. 顾客开拓　　D. 销售洽谈
   E. 处理异议　　F. 售后服务　　G. 促单成交
8. 以下不属于现代销售的变革的是（　　）。
   A. 从卖产品到卖服务　　　　　　　B. 从看质量到看颜值
   C. 从看包装到看品牌　　　　　　　D. 从卖单品到卖解决方案
9. 顶尖销售员要具备（　　）等素质。
   A. 精力充沛　　　　　　　　　　　B. 充满自信
   C. 渴望成功　　　　　　　　　　　D. 勤奋刻苦
10. 顾客购买行为的基本理论中，5W1H理论属于（　　）。
    A. 马斯洛需求层次理论　　　　　　B. "暗箱"理论
    C. 顾客需求理论　　　　　　　　　D. 顾客体验理论

单元实训

在危机处理时，应该先应对哪类人呢

故事背景：

某日，A公关公司为某奶粉品牌搞了一个"亲子同乐日"的公关活动，在活动过程中有一名参与者突发心脏病去世了，公关公司立刻派公关经理赶赴医院。当经理赶到医院时，早已有人在等候，分别是大哭的家属，举着照相机准备拍下新闻的记者，处理事件的警察和彷徨无助的奶粉公司代表。请问该公关经理应该先应对哪类人呢？

请根据情景进行角色扮演，演示公关经理处理现场的情景。注意处理事件的先后顺序及语言艺术。

Chapter 2 第二章 销售准备

教学导航

◈ 知识目标

◎ 了解售前知识储备及信息收集技巧
◎ 熟悉销售准备工作的内容
◎ 掌握销售形象塑造及物品准备要点
◎ 掌握销售沟通技巧及礼仪知识

◈ 能力目标

◎ 能进行销售形象塑造并罗列销售准备物品清单
◎ 能运用各种沟通技巧及礼仪知识与顾客沟通
◎ 学会收集销售信息及进行知识储备

世界上最伟大的销售员：乔·吉拉德

如果有人告诉你，他一天卖了6瓶矿泉水，你可能会说小儿科；如果有人告诉你，他一天卖了6瓶酒，你可能也觉得普普通通罢了；但如果有人告诉你，他一天卖了6辆汽车，你可能就目瞪口呆了。闻名世界的汽车销售员乔·吉拉德在他15年的职业生涯中，共销售汽车约13 000辆，并连续12年创造了平均每天销售6辆汽车的纪录。该纪录被《吉尼斯世界纪录大全》收录，他本人也荣获"世界最伟大的销售员"的称号。

乔·吉拉德成功的秘诀有很多，其中一点就是做好销售前的准备工作。他的售前准备包括以下几个方面：

（1）树立可靠的形象。他衣着整洁，朴实谦和，出现在顾客面前时脸上总是挂着迷人的微笑；不但有儒雅得体的言谈举止，而且有对顾客发自内心的真诚和爱心。他坚信，给人的第一印象非常重要，因此他一直努力改变销售员在公众心目中的形象，总是主动热情、认真地接待每一位顾客，根据顾客的经济条件、气质、爱好、用途，向他们推荐各种适宜的小汽车。就这样，乔·吉拉德用自己老成、持重、温厚、热情的态度，真心实意地为顾客提供周到及时的服务，赢得了顾客的喜爱。

（2）以礼待客，以情相通。顾客一进门，他就像老朋友一样地迎接，常常不失时机地奉上坐具和饮料；和每位顾客接触时，都很注重礼貌，包括与顾客握手、递接名片、面对面交流、试乘试驾等，让顾客感到非常舒服。顾客的每一项要求，他总是耐心倾听，尽可能做出详细的解释或者示范；凡是自己能够解决的问题则立即解决，从不拖拉。在这种情况下，绝大多数顾客都不得不对是否买车做出积极的反应了；否则，心中就可能产生对不起销售员的内疚感。

（3）善于观察。乔·吉拉德曾经说过，我能迅速地了解一个人，甚至知道其此刻在想什么。当你走进来时，我观察你的眼睛；与你握手时，我感受你的感觉；我还会注视你的嘴唇，它是告诉我信息的器官。我有两只耳朵，当别人说话时，我会全神贯注地听；上帝同样赐予你嘴巴，但太多人只顾着用嘴巴说话。闭嘴，让别人说，别人就会开始喜欢你；别人说话时，你要用全身心去倾听，你越善于倾听，说话的人越信任你。

当然，除此之外，乔·吉拉德身上还有很多值得销售员学习的优秀品格和业务技巧；想成为一位优秀的销售员，是要经过长时间的努力，不可能一蹴而就的。

讨论：做一名超级销售员，应做好哪些售前准备工作？

古言云：凡事预则立，不预则废。销售前的准备是否充分，会影响这次的销售能否成功。从上述案例可以看出，只有做足了充分的准备，在面对顾客的时候，才能有的放矢。作为一名销售员，接触顾客前的准备工作可概括为三部分：形象与物品的准备，知识与信息的准备，能力与素质的准备。

第二章 销售准备

第一节 形象与物品的准备

销售员拜访顾客前,须做好充分准备,首先就是形象与物品的准备。要建立良好的形象,需讲究衣着配饰和仪容仪表;要促成交易,需带齐必要的随身物品。

一、销售员的形象准备

(一)形象的重要性

销售员的形象准备是首要准备因素。销售成功有两个重要原因:一是信任;二是价值。而形象在一定程度上会决定顾客对销售员的信任。心理学"光环效应"告诉我们,若外貌形象得到顾客的喜欢,顾客会断定我们具有更多的其他优秀品质,我们就能赢得交谈。心理学的"喜好原理"告诉我们,当陌生顾客和我们见面的时候,他会通过我们的外貌、言行举止、着装等方面来判断是否喜欢与我们交谈,若获得了顾客的"喜欢",我们提出的一些销售要求,顾客就会更容易答应。就好像你身边"喜欢你的人"都愿意帮助你一样。

> **同步案例** 形象影响判断
>
> 美国心理学家对法官做了一项心理学研究,当将原告和被告带到法官面前的时候,没有告诉他哪个是原告,哪个是被告,让法官来判断。被测试的法官都倾向于认为蓬头垢面,形象差的那位就是被告,但实际结果却恰恰相反。
>
> **点评**:每个人的长相都无法改变,但是自身的形象却可以改变:可以让自己容貌更加干净清爽,着装更加得体,礼仪体态更有修养。

(二)形象准备要点

不是每个人都能做到"沉鱼落雁,闭月羞花"或"玉树临风胜潘安",但作为一名销售员,起码要做到仪容整洁、礼貌得体、学识丰富。销售员的仪容、着装应符合的标准见表2-1。

表2-1 销售员的仪容、着装标准

序号	内容	共同要求	女性销售员	男性销售员
1	头发	干净、不染鲜艳的颜色,没有头屑、梳理整齐	女士以齐领短发为宜,不能留披肩发,若留过肩长发,必须用发夹束到脑后	男士头发短而齐,以"前不过眉、侧不过耳、后不过领"为宜
2	脸部	洁净、清爽	女士化淡妆	男士胡须必须剃净,保持面容干净
3	口	无异味,无异物	女士略施口红,口红颜色与唇色接近,不浓妆艳抹	若冬天男士嘴唇有干裂现象,可适当涂润唇膏
4	手	指甲无污垢、剪平指头,不留长甲,不佩戴异样戒指		

(续)

序号	内容	共同要求	女性销售员	男性销售员
5	制服	按照公司标准着统一制服（或标准商务装），无污脏，无异味，不皱褶	女士可穿商务套装或商务裙装	男装以西服套装为主
6	皮鞋	洁净、无破损、深色为宜	女士高跟鞋高度不可超过10厘米，后不露脚跟，前不露脚趾	男士不可穿运动鞋
7	袜子	干净、无破洞	女士以肉色或黑色的丝袜为宜，不宜穿渔网袜，裙装不宜穿短袜，以免出现"三截腿"现象	男士袜子以深色的棉袜为宜
8	工牌	工牌统一佩戴在左胸上方（上衣口袋居中的位置），不可歪斜和掩盖，干净清晰；也可以是吊牌，挂于胸前		
9	饰物	全身上下装饰物不要超过3件；戒指、耳环、手链，以不夸张、不张扬为宜，更不能佩挂令人惊悚的饰品	女士佩戴丝巾	男士应佩戴公司统一的领带，或深蓝、灰色等条纹、斜纹领带

销售小知识

男女销售员着装展示如图2-1、图2-2所示。

图2-1 男销售员着装展示　　　图2-2 女销售员着装展示

二、销售员的物品准备

物品准备是指销售员约见顾客的时候，必须随身携带的物品。带去的物品能对销售起到辅助作用，甚至引起顾客的注意，引领话题，达到促单成交的效果。

（一）见面礼物

销售员和顾客见面的时候，可以事先准备一份见面礼，这份礼物要与自己的产品相关联，并且最好能够让顾客带在身上或摆在办公桌前，每天都看到。有效的礼物馈赠能起到促进销售作用，能增加企业品牌的知名度和美誉度。

第二章 销售准备

同步案例　送"筷子"作为礼物

某品牌地板的销售员在和顾客接触时都会送一份见面礼,如一盒木制筷子,并且告诉顾客:这是用"黄芸香"木材,纯手工打造的木筷子,具有木材的清香,用这种材质的筷子吃饭,也会让您吃得更香,味道更好。这样当顾客每天吃饭,用到这双筷子的时候,看到筷子顶端的品牌标志,就会想到这个品牌,增强了品牌在顾客面前的曝光次数。

点评:心理学的曝光效应认为,产品品牌与顾客接触越多,曝光越多,顾客对产品的印象就会越深。

(二)产品图册

产品图册是必不可少的推广工具,能够让顾客一目了然地了解销售品牌的特性、优势、价值。产品图册可以分为印刷版和电子版,拜见顾客时,这两个版本都要带上。印刷版更直观,并且更方便顾客留存、查看;电子版展示更生动,效果更好,也更能说服顾客。

产品图册包含的内容有:

第一部分:公司简介,包括公司发展历史、规模、品牌价值、企业文化、经营理念等。

第二部分:产品核心技术介绍,用什么生产工艺、什么技术设备、按照什么标准生产、获得哪些专利、有哪些创新等。

第三部分:产品分类展示,可以按照产品的顾客需求来分类,针对不同的顾客需求,用不同的品类来满足。

第四部分:顾客案例,展示部分重点顾客使用了产品的实际使用效果、实景效果、顾客见证留言、顾客感谢信、顾客送的锦旗等。

第五部分:公司地址、联系人、联系方式、网站地址等。

同步实训　如何设计产品图册

以组为单位,选择一个饮料品牌,为该品牌的某款饮料设计一份产品介绍图册,以PPT形式展示,并上台进行路演。

组别之间相互打分,老师做总结。

(三)试用样品

试用样品就是销售产品的试用装,目的在于让顾客对产品更了解、更熟悉,甚至喜欢上这款产品。例如,化妆品的试用装,每个品牌新上市的时候,都会推出一些试用装,鼓励顾客试用。还有些品牌会用正品作为试用产品给顾客免费试用,体验满意了才付款购买,体验不满意可以无条件退货,不用付款。

> **同步案例** 智能马桶的免费体验
>
> 近年来智能马桶流行,有些品牌推出了一种让消费者无后顾之忧的先试用后付费的网络销售新模式。据了解,消费者在官方网站上选择好喜欢的型号和花色后,公司即安排专业人员到其家中进行送货安装,用户使用100天后再给企业付款。无论是售前、售中还是售后,整个销售过程全部透明,给予了消费者更多的知情权、选择权和服务掌控权。让消费者在付款前先体验,欣赏产品的品质和独特魅力,这是一种具有颠覆性的全新体验和尝试,开创了一种全新的服务模式。
>
> **点评**:随着消费理念的转变和消费品位的提升,消费者对产品特色、品质以及服务都有了更高的要求,网购的一大弊端就是难以现场感受产品的质量,而产品免费体验正是消除这一弊端的重要方式。未来,体验式服务有望成为行业的主流发展趋势。

(四)签单工具

签单工具是销售员必不可少的随身物品。每一次拜访顾客都以去"成交"的强烈欲望拜访,随时准备成交,这样成交的可能性就更大。签单工具包括:

(1)和顾客签订的合同文书。标准的合同模板打印一式四份,并随身带上合同的电子版本。有些要修改的内容,可以现场谈判及修改,在报公司总部同意后,签订合同。

(2)合同附带的各种附件。附件包括售后服务条款、安装条款、补充协议、分期实施及验收标准等。

(3)签订合同所需盖的业务章或公章。不是很重要的合同文件,一般盖上业务章即可。一般公司的公章管理制度比较规范,业务人员若要借出使用,要按照公司规定办理借出手续。

第二节 知识与信息的准备

一、销售员的知识储备

作为一名销售员,需要有丰富的知识储备。首先是对行业、竞品和自己产品的熟悉,然后是丰富的各种知识,这样可以与不同兴趣爱好的人都能够找到沟通的话题及谈资。

(一)产品知识

懂产品才会销售,产品是销售的标的物,离开产品就无法谈销售。所以,作为一名销售员,必须对产品熟悉,了解产品,懂得产品的生产工艺、技术核心、卖点、能满足的需求等。产品知识的内容可参考表2-2。

表2-2 产品知识的内容

序号	项目	熟记内容
1	产品产地	是进口的,还是国产的 具体生产地址,产地优势说明
2	产品核心工艺 (或材料、成分)	具体的生产流程及设备 用到的核心工艺 材料、成分的构成
3	产品技术优势	产品有哪些技术含量 使用了哪些最新技术 获得了哪些专利
4	产品核心卖点	产品的突出特点、优点 产品与竞品的对比优势 产品能够为顾客提供哪些价值
5	产品储运、安装知识	产品储存、送货说明 产品安装及使用说明
6	产品售后服务知识	售后服务期限 售后退货、换货、保修等情况说明 售后常见问题及处理

行家谈经验

产品知识带来的订单

那是个特殊日子,我记忆犹新。我站在门口迎宾,有对夫妻从其他门店往我们店走来。顾客微笑道:"你好,能帮我推荐一下你们的产品吗?"我也笑着回答:"很高兴为您服务。地板分为三大类,实木、实木复合和强化复合。您家做地暖吗?"顾客说不做,我说:"好的,如果不做地暖,首选实木。因为实木百分之百环保,脚感又好,居木养生,冬暖夏凉。"顾客又问:"那要买什么样的木种才适合我家呢?"我说:"您问得好,其实实木木种有很多类,如胡桃木、花梨木、柚木、樱桃木等为高端木种;西非苏木、榆木、栎木为中高端木种;常规木种则有圆盘豆、盘龙眼、西南桦等。木种决定价位,不知您家是什么风格呢?我好推荐一款最适合您家风格的地板。"顾客说:"我的家具是柚木。"我说:"哦,柚木风格真的不错,高端大气上档次。您今天来我们店来对了,我们正好有款野生实木柚木。"我进一步讲解柚木的优点,"柚木是万木之王,油性足,稳定性极好,防虫防蛀,泡在水里都不腐烂;而且现在资源少,可收藏,颜值高,是名贵木种。"

顾客听完我的介绍,由衷地称赞我:"我今天学习了很多产品知识,你讲解得很专业,我就相信你的专业眼光吧。"很快,顾客就下单了。可见,对自己产品的深入了解,是多么重要。

(二)丰富的学识

销售员面对的都是形形色色的顾客,每个顾客都有自己不同的兴趣爱好及喜欢的话题。因此,需要具备跨越多个领域的渊博知识,才能更好地和顾客沟通。销售员要了解的知识应包括:

现代销售技术

（1）时事新闻。了解当前大家所关心的话题、新闻事件，并且提出自己独到的见解，在和顾客沟通的时候，会更能引起顾客的思考及对你的兴趣。

> **同步案例** 关于房地产市场的讨论
>
> 顾客："您觉得目前的房地产市场是会继续涨呢，还是会跌呢？我想入手一套，不知道时机是否对。"
>
> 销售员："我觉得房地产市场是国家调控经济的一种工具，是继续涨，还是会跌，完全取决于国家对这个工具的使用。所以，您在购买之前，建议先研究一下国家未来的经济政策。"
>
> 点评：该销售员没有站在"跌"或"涨"的立场，人云亦云，而是站在第三方立场，冷静的思考，提出自己独到的见解，给顾客留下不一样的印象。况且，在这种情况下，销售员无论回答"会涨"或"会跌"对顾客及自己都是需要冒50%的风险的。顾客买对了，固然是好。但若顾客买错了，无论对顾客，还是对销售员以后的销售都是一种伤害。

（2）心理学知识。懂得基本的心理学知识，才能更好地了解顾客的心理，找到共同的话题，达成交易。例如：女性顾客更喜欢聊情感方面的话题；男性顾客更喜欢聊"自己"，与他们沟通的时候，销售员应学会利用话题，让沟通更顺畅。

销售小知识

心理学原理在销售过程中的应用见表2-3。

表2-3　心理学原理在销售过程中的应用

销售过程	心理学原理	销售应用
售前阶段	喜好原理：顾客愿意向自己喜欢（或熟悉）的人购买产品的心理	1. 把自己变成顾客"喜欢"的人，更能让顾客接受你销售的产品 2. 利用顾客喜欢的人（如朋友）与你的关系达成销售 3. 利用顾客对某个事物（如赠品）的喜爱来达成销售
售前阶段	互惠原理：顾客不想欠别人人情的心理	1. 先给顾客帮助、服务、馈赠等，触发顾客的互惠心理 2. 互惠式让步：当我们对顾客让步时，顾客也会有让步的心理
售前阶段	纯粹接触效应：顾客对接触多了的人或事物更容易产生好感	1. 和顾客多接触 2. 让自己的产品多出现在顾客的眼前
售中阶段	对比原理：顾客都有货比三家的心理，顾客对一件产品满不满意，完全取决于顾客的对比	1. 先推贵的产品，会让便宜的产品显得价格更实惠 2. 先让顾客选择贵的产品，再搭配销售便宜的产品，顾客更容易接受 3. 先让顾客看性价比低的产品，再销售性价比高的产品
售中阶段	社会认同原理：顾客都有从众心理，认为大多数人都认同的产品不会错	1. 告诉顾客有多少人使用了你的产品，95%的人都爱模仿别人，这样"费力最小" 2. 为你的产品加入大家喜欢的流行元素
成交阶段	权威原理：比起我们的销售员，顾客更愿意相信权威	1. 权威人士对我们产品的认同：权威人士推介/使用我们的产品，赞美我们产品的话语 2. 权威机构的认证：获得的证书、新闻报道等
成交阶段	稀缺原理：失去的痛苦比得到的喜悦更能刺激顾客购买	1. 数量越少，顾客越珍惜：利用产品的限量特价促销 2. 时间越短，顾客越紧张：利用产品特价限时促销
售后阶段	承诺与一致原理：顾客承诺过的事情，总不好意思反悔，并且让自己的行为保持和承诺的内容一致	1. 可以利用顾客对自己做出的承诺留住顾客 2. 订货单上重要内容让顾客自己填写，可减少悔单、退单、毁约

（3）奢侈品鉴别知识。奢侈品包括服装、手表、手袋、汽车等顾客随身的物品，从中可以了解顾客的消费层次、个人品位等，聊天的时候，也可以赞美一下顾客随身的奢侈品，并聊聊那个奢侈品品牌的故事，顾客会觉得销售员"懂他"。

> **职业提示**
>
> 勤俭节约是中华民族的传统美德，大家应时刻谨记"克勤于邦，克俭于家"的劝勉和"俭节则昌，淫佚则亡"的告诫。但节俭并不是要拒绝消费，新时代下应该赋予其新含义，利用资源优化配置，激发新的经济价值，创造更大的社会效益。销售员在销售工作中懂得一些奢侈品鉴别知识，并非背弃传统美德、提倡奢侈生活；而是为了和部分高端顾客更好地沟通互动，更好地完成销售工作。

二、销售员的信息收集

（一）环境：市场环境调查

如图2-3所示，企业面对的市场环境包括宏观环境和微观环境。宏观环境主要指国家的经济、人口、文化、政治、法律法规、生态地理等；微观环境主要指企业的竞争对手、顾客、供应商、中间商、社会公众及内部环境等。这些市场环境因素会影响销售的产品畅销与否。若市场趋势有利于产品的销售，销售员要加快产品的备货；反之，则应该加快清库。所以市场环境的调研非常重要，会影响我们的销售决策。

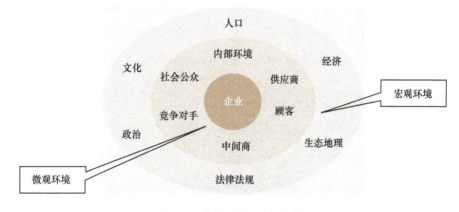

图2-3 企业面对的市场环境

（二）对手：竞争对手资料收集

知己知彼才能百战不殆。拜见顾客前，销售员对于自己销售的产品与哪些品牌竞争、有哪些潜在替代品都要调研清楚，如竞争对手的优势、劣势，对比自己的产品存在的优缺点等。这样在和顾客沟通的时候，才能更容易回答顾客的疑问，及时促进成交。

（三）顾客：顾客信息收集

销售员要对自己的顾客进行画像，这些顾客年龄多大，做什么职业，有什么兴趣爱好，偏好什么风格，处于怎样的收入阶段，潜在顾客群有哪些，通过哪些方式可以接触到等。通过顾客信息的分析，销售员就能够了解当地的市场容量、寻找顾客的渠道，以及和顾客沟通的策略等。

第三节 能力与素质的准备

一、销售礼仪

作为销售员，事事处处都要展现自己的良好礼仪。销售员的礼仪范围涵盖非常广，从与顾客见面开始，包括目光接触、握手、名片递接、站立和就座、就餐、开车或乘车等，处处都能体现出礼仪的重要性。

销售礼仪

（一）目光接触礼仪

（1）注视时间。在交谈过程中，与对方目光接触的时间应该在60%左右，其余40%左右的时间可注视对方脸部以外，这样比较礼貌。

（2）注视方式。与别人说话时，目光集中注视对方。当别人说话时，看着对方眼睛，如果表示话题感兴趣，可以正视对方眼区；如果想中断谈话，目光可以有意识地离开，尽量不要一直将目光注视对方的眼睛，不要让对方误解你，但在谈判时，就不要轻易移开目光。

> **销售小知识**
>
> 交谈时目光可注视区域如图2-4所示。
>
>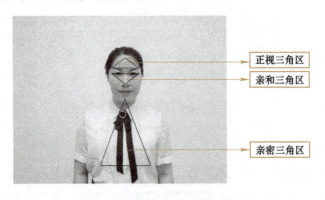
>
> 图2-4 交谈时目光可注视区域
>
> 人与人之间的目光接触范围一般分为三个区域：
> （1）正视三角区：指额头与两眉（或两眼）连线构成的三角区。目光注视这

一区域，一般是在进行较为正式、严肃的谈话时，或心理感觉是非常正式的话题时，且不是对太熟悉的人。

（2）亲和三角区：指两只眼睛与鼻子（头）准星间的连线构成的三角区。目光注视这一区域，一般是对较为亲近的人，或熟悉且有一定交情的人，适用于比较轻松的谈话，或现场气氛融洽的情况。

（3）亲密三角区：指嘴与两乳中心连线构成的三角区。目光注视这一区域，一般情况下二人关系非同一般，或存在于相互具有吸引力的两性之间，产生条件极其特殊。

销售员与顾客的接触一般应把目光放在"亲和三角区"。

（二）握手礼仪

销售员与顾客握手时，应目视对方并保持微笑握手，同时说："×总，您好，很高兴认识您"或"久仰大名"。问候完了立即放手，握手时间1～3秒为宜。握手时力度适中，为了显示亲近，可以摇晃两下。力度过大显得过于强势，力度不足显得没诚意。

销售小知识

握手礼仪

（1）主人、长辈、上司、女士主动伸出手，客人、晚辈、下属、男士则相迎握手。

（2）不能用左手握手，若右手提东西，遇见顾客时可将右手拿的东西转到左手，再握手。

（3）不许戴手套或者湿手与对方握手。

（4）年轻者、职务低者被介绍给年长者、职务高者时，前者应根据后者的反应行事，即当后者用点头致意代替握手时，前者也应随之点头致意，而不是伸手和对方握手。

（三）名片递接礼仪

与顾客见面的时候，销售员应先递上名片。把自己的名片递出时，应把文字向着对方，双手递交并清楚地报出所在的公司名称及自己姓名。

接收顾客的名片时，应双手去接，拿到手后，要马上看，正确记住顾客姓名后将名片收起，如遇到难认的文字马上询问。对收到的顾客名片应妥善保管，以便检索。若顾客有多人在会议室一起洽谈时，收集到对方名片要和顾客坐的位置次序一一对应摆放，以免弄错。

> **销售小知识**
>
> **如何向对方索要名片**
>
> （1）"交易法"话术：××先生，这是我的名片。如果对方愿意，他会主动拿出自己的名片进行交换。
>
> （2）"请求法"话术：尊敬的××先生，很高兴认识你，不知道能不能有幸跟您交换一下名片？
>
> （3）"联络法"话术：××小姐，很高兴认识你，不知道以后怎么跟你联系？

（四）站立和就座礼仪

站立时，身体应与地面垂直，重心放在两个前脚掌上，挺胸、收腹、抬头。在和顾客洽谈的正式场合不宜将手插在裤袋里或交叉在胸前，更不要下意识地做些小动作，那样不但显得拘谨，而且给人缺乏自信之感。与顾客站立的距离在1.2~3.6米之间，是比较有礼貌的社交距离，会让对方更放松。

正确的坐姿应该腰背挺直，肩放松。女性应两膝并拢；男性膝部可分开一些，但不要过大。双手自然放在膝盖上或椅子扶手上。在正式场合，入座时要轻柔和缓，起座时要端庄稳重，不可猛起猛坐，弄得桌椅乱响，造成尴尬气氛。

（五）就餐礼仪

邀请顾客一起就餐时，应先咨询顾客的意见，再选择合适的餐馆。点菜时，应将菜单交给顾客来点。若顾客不点，销售员自己点菜的时候，要先问顾客有哪些忌口，点菜时注意荤素的搭配，价格中档偏上，不要显得太小气。

就座的位置也非常讲究。中国古代就严格遵循座次的尊卑，座次是"尚左尊东""面朝大门为尊"。若是圆桌，则正对大门的为主客，主客左右手边的位置，则以离主客的距离来看，越靠近主客位置越尊，相同距离则左侧尊于右侧。所以，销售员一般要让最尊贵的顾客坐最尊贵的位置。

> **同步实训**
>
> **销售员的礼仪演练**
>
> 以组为单位，选出一名同学扮演销售员，另一名同学扮演顾客。演练销售员和顾客见面的全过程，从目光接触开始，其间包括握手、名片递接、站立和就座洽谈、就餐等环节，最后送客离开。注意各环节的礼仪要求。
>
> 由其他同学互相点评，老师做总结。

（六）开车或乘车礼仪

在商务交流中，销售员的开车或乘车礼仪很有讲究，如座位的选择，则应根据不同情境进行不同选择。

> **销售小知识**
>
> 开车或乘车礼仪
>
> （1）自己开车：先上车开动发动机和空调后，再为顾客或领导打开后排车门，请其入座；领导或顾客一般坐在副驾驶座后面。
>
> （2）领导或顾客开车：自己应该坐在副驾驶座。
>
> （3）司机开车：自己主动为领导或顾客打开车门，让领导或顾客坐在副驾驶座后面，自己坐在他们旁边陪同。
>
> （4）若有多个顾客或领导乘车，则最舒适的位置，留给最尊贵的客人或领导。自己可以坐在后排中间的位置。

二、销售沟通

一个人的成功，85%靠沟通和人际关系，15%来源于专业知识和技术。对销售员来说，懂得沟通技巧尤其重要。

（一）沟通的定义

沟通是指为了设定的目标，把信息、思想和情感在个人或群体间传递，并达成共同协议的过程。一位美国心理学家研究认为，沟通的效果55%靠肢体语言来表达，7%靠文字的措辞，38%靠声调的高低起伏来引起注意和共鸣。因此，要懂得用肢体语言来表达，更要懂得识别他人的肢体语言。

（二）沟通技巧

1. 微笑

微笑是与他人交往的一大"法宝"。在人际沟通中，"笑"包含三个层次，分别是嘴笑、眼笑、心笑。"心笑"是笑的最高层次，也是销售员应该展现的真诚的笑容，这种真诚必须发自内心，笑容才能动人。销售员在任何需要表达友善的时候都可以笑，如与顾客见面时，向对方致谢时，离开临行前等。

> **行家谈经验**
>
> 笑容的作用
>
> 某天，一位阿姨与她的子女来到店里。我赶忙以最热情的态度迎上去笑着和他们打招呼，随后又给他们倒了水，待他们坐下就陪着聊起了家常，也没过多地聊产品。交谈中，我发现阿姨是位和蔼可亲且心态年轻的人，我和她可算一见如故。我一直微笑着和她聊天，她不停地夸我服务态度好。过了几天，他们又来了。一进门就听阿姨的女儿说："平时从来没听我妈夸过人，自从在你门店回去

> 之后我妈就一直夸你会说话,好热情,一说三笑;所以特意回绝了原来订好的品牌,说只买你们的。"我听了心里美滋滋的,笑得更灿烂了,一边感谢阿姨一边热情地给他们开单子。
>
> 　　大多数第一次接触的顾客对销售员都会有一些抵触和戒备心理,而销售员应该通过自己的沟通技巧(如笑容和热情)去打动他,让他觉得和你接触比较舒服,从而记住你这个人。销售先销己,把自己卖出去,取得顾客信任,才是最重要的。

2. 观察

在与顾客沟通中,首先要学会看,顾客的肢体语言包含非常丰富,包括动作、表情、眼神等。若能从顾客的肢体语言里懂得其中的信号,那么销售员就能够找到应对的方法,及时做出合适的行动。

销售小知识

肢体语言信号举例见表2-4。

表2-4　肢体语言的信号

序号	接受的信号	拒绝的信号
1	足够的眼神接触(50%以上)	没有足够的眼神接触(30%以下)
2	眼神接触时,你点头及微笑,对方跟从配合	眼神接触时,你点头及微笑,对方不跟从配合
3	手心展开,手掌的一面向着你(表示真诚与友好)	说话时用手指指着你,或者双手紧握(表示否定、不认同)
4	一只手放在脸颊边(思考),抚摸下巴(准备做决定),双臂舒张身体前倾(开放性肢体语言)	后背紧紧地贴在椅背上,双臂交叉抱于胸前(防御状态),抿唇微笑(不认同)
5	和你相近的身体姿势,包括一同坐或站立	不协调的身体站姿,包括坐立,或者突然改变身体姿势而没有明显的理由
6	声调相近,包括快慢、声音大小等	声调不协调,包括快慢、大小等,或者越说声越大
7	对你说的感兴趣(至少部分如此),话中带有支持性的文字	话中带有不支持的文字,或者多次说题外话;否定或质疑你所说的
8	与你分享食物或饮料等	频频看表,或做其他无关的事

3. 倾听

沟通中重要的不是会说,而是会听。听懂了顾客的话,我们才能知道如何回应。倾听可以分为三个层次:

第一个层次是"耳听",只听懂了顾客字面上表达的意思。如顾客在门店里告诉销售员,说:"我只是随便看看。"一般的销售员就会觉得他只是来随便逛的,没有购买的意向,然后做出不去跟进的行动。

第二个层次是"心听",就是用心去感受顾客说这句话时的感情色彩及情绪。像上述例子,优秀的销售员会听出这是顾客对我们的拒绝,不希望我们打扰他。

第三个层次是"脑听",就是通过我们的思维加工,读懂背后的真正含义。同样是上述例子,卓越的销售员会读懂顾客话里的深层含义是"我还没有找到适合的产品",然后告诉顾客:"我们这里有一款新上市的产品,您想看看吗?"

4. 说话

在与顾客沟通时,应注意以下三个方面:

(1)不要说负面的话。人人都不愿意被拒绝,不是因为目的达不到而失落,而是不喜欢这种感觉。因此在销售中,多给顾客肯定的回答会让他们觉得你很有诚意。就算顾客有时候提的要求很苛刻,没有办法实现,也可以先肯定,再附上条件就好了,这样顾客更加容易接受,如可以说"可以的,不过这样做的代价是……"

(2)少用专业术语。太多的专业术语会把顾客绕得云里雾里,根本不想听。很多专业词汇也听不懂,那还谈何购买产品呢?把这些术语,用简单的话语来进行转换,让顾客听后明明白白,才能达到有效沟通的目的,产品销售也会更加顺畅。

(3)替顾客着想。替顾客着想就是站在对方的立场上说话,多问自己,若自己是顾客,会想要什么,会想听到什么,会希望销售员怎样介绍产品。所以,站在顾客角度想的时候,销售员就不会从自己产品卖点出发来做介绍,而是从顾客需求出发来满足顾客的需求。

▶ 内容结构思维导图

▶ 本章的重点和难点

● 销售员的着装要求。

现代销售技术

- 销售员的礼仪：目光接触、握手、名片递接、站立与就座、就餐、开车或乘车。
- 销售员的沟通技巧：微笑、观察、倾听、说话。
- 销售员的物品准备。

单元案例

做好拜访前的准备工作

销售员小李具有丰富的产品知识，对顾客的需要很了解。在拜访顾客之前，小李总是搜集好顾客的一些基本资料。小李常常以打电话的方式先和顾客约定拜访的时间。

今天是星期四，下午4点刚过，小李拜访完今天的顾客回到办公室。他今年35岁，灰黑色的西装上看不到一丝皱褶，浑身上下充满了朝气。从上午7点开始，小李便开始了一天的工作。小李除了吃饭的时间，始终没有闲过。小李5点半有一个约会。为了利用4点至5点半这段时间，小李便打电话，向顾客约定拜访的时间，以便为下星期的销售拜访而预做安排。

打完电话，小李拿出数十张卡片，卡片上记载着顾客的姓名、职业、地址、电话号码以及资料的来源。卡片上的顾客都是居住在市内东北方向的商业区内。

小李选择顾客的标准包括顾客的年收入、职业、年龄、生活方式和嗜好。小李的顾客来源有三种：①现有的顾客提供的新顾客的资料；②从报刊上的人物报道中收集的资料；③从职业分类上寻找顾客。

在拜访顾客之前，小李一定要先弄清楚顾客的姓名。例如，想拜访某公司的总经理，但不知道他的姓名，小李会打电话到该公司，向总机人员或公关人员请教总经理的姓名。知道了姓名以后，小李才进行下一步的销售活动。

小李拜访顾客是有计划的。他把一天当中所要拜访的顾客都选定在某一区域之内，这样可以减少来回奔波的时间。根据小李的经验，利用45分钟的时间做拜访前的电话联系，即可在某一区域内选定足够的顾客供一天拜访之用。

小李下一个要拜访的顾客是某制造公司董事长王董。小李正准备打电话给王董，约定拜访的时间。

问题：

小李在拜访顾客前做了哪些准备工作？

分析提示：

从销售员自身形象、寻找顾客渠道、顾客信息搜集等方面思考。

单元自测题

1. 男士商务着装，能体现销售员干净整洁的细节包括（　　　　）。
   A．衣袖　　　　　B．领口　　　　　C．鞋头　　　　　D．领带

2. 以下物品中，不属于销售员拜访顾客时必须携带的物品的是（　　　）。
   A．销售合同　　　　B．小礼物　　　　C．纸巾　　　　D．产品样品
3. 在商务场合销售员与顾客握手时，以下正确的是（　　　）。
   A．应用力握着顾客的手　　　　B．应一边握手一边做自我介绍
   C．面对女士应双手回握　　　　D．伸出手时应俯身向前
4. 在商务活动中，与多人交换名片，应讲究先后次序，正确的次序是（　　　）。
   A．由近而远　　　　B．由远而近
   C．左右开弓，同时进行　　　　D．由职务高的到职务低的
5. 美国强生公司在婴儿出生率降低，强生用品消费者减少的情况下说服成年人使用其原来只供婴儿使用的产品，如爽身粉、洗发精等。这是（　　　）的变化促使美国强生公司采取扩展对策。
   A．经济环境　　　　B．人口环境
   C．社会文化环境　　　　D．竞争环境
6. 我们与顾客出行，坐顾客开的车的时候，我们应该坐在（　　　）。
   A．副驾驶座　　　　B．副驾驶座后面
   C．后排中间　　　　D．驾驶者后面
7. 当销售员与顾客说话交流时，不应该（　　　）。
   A．滔滔不绝地介绍产品　　　　B．少用专业术语
   C．不要说负面的话　　　　D．说话时替顾客着想
8. 和顾客站立聊天的时候，应该距离（　　　）。
   A．45厘米以内　　　　B．45～120厘米
   C．120～360厘米　　　　D．360～720厘米
9. 和顾客聊天时，目光应看顾客的（　　　）。
   A．嘴和两乳形成的三角区域　　　　B．双眼与嘴形成的三角区域
   C．额头与双眼形成的三角区域　　　　D．以上答案都对

单元实训

根据本章学习到的知识，分组模拟演练。每组两个同学，一个扮演顾客，一个扮演销售员。按照以下要求进行演练：

1. 演顾客的同学负责做出各种动作、表情。
2. 演销售员的同学根据"顾客"的动作及表情，说出其代表的含义。
3. 其他观看的同学举手发言，说出自己的想法。
4. 老师对"顾客"的动作及表情进行解读。
5. 每组做2～3个动作及表情，每次演练约5分钟。

第三章 顾客开拓

教学导航

☞ 知识目标
◎ 了解准顾客和目标顾客的构成
◎ 掌握顾客识别的评价准则
◎ 掌握寻找顾客的方法和策略

☞ 能力目标
◎ 能举例说明准顾客和目标顾客的构成
◎ 能运用顾客识别的三个准则对顾客进行识别
◎ 能运用所学的方法和策略寻找目标顾客

小刘的销售秘诀

某企业的一位销售员小张干销售工作多年，经验丰富，关系户较多，加之他积极肯干，在过去的几年中，销售量在公司内始终首屈一指。谁知自一位新销售员小刘参加销售员培训回来后，不到半年，其销售量直线上升，当年就超过小张。对此小张百思不得其解，问小刘："你出门比较少，关系户没我多，为什么销售量比我大呢？"小刘指着手中的资料说："我主要是在拜访前分析这些资料，有针对性地拜访，例如，我对124名老顾客分析后，感到有购买可能的只有94户。根据以往的经验，94户中有21户的订货量不大，所以，我只拜访剩下的73户，结果，订货率较高。其实，我的老顾客124户中只有57户订货，订货率不足50%，但是这样可以节约出大量时间去拜访新顾客。当然，这些新顾客也是经过挑选的，尽管订货率不高，但建立了关系，还是值得的。"

讨论： 新手小刘的业绩为什么会在短期内便超越资深销售小张？

上述案例中，小刘的成功，在于他重视对目标顾客的筛选。众所周知，销售是一项比较艰辛的工作，而其中一个难题便是对陌生顾客的寻找，并且找回来也不代表就能成交，很多销售员常常为寻找新顾客而精疲力竭。相反，如果运用科学的寻找方法，并懂得对顾客进行分析和识别，能大大提升销售员的工作效率，对销售工作的成败也起着至关重要的作用。

第一节 识别顾客

识别顾客就是对顾客购买资格进行审查、评价，多维度分析该顾客是否可能成为本企业的目标顾客，评估他们的价值与潜力，以决定下一步行动的过程。这样做是为了提高销售员的工作效率，降低销售成本和风险。

一、准顾客的构成

准顾客是指对产品或服务既有购买欲望又有一定支付能力，并有可能成为本企业顾客的个人和组织。

一般来说，准顾客由以下三类人构成：

（一）潜在顾客

潜在顾客是指有购买意向和购买力，但还没有实施购买行为的顾客。这类顾客数量较多，是准顾客的主要构成部分。但潜在顾客相对比较隐蔽，难以发现。一些潜在顾客由于各种原因，还没有意识到自己需要某个产品，或者不知道某个产品能满足自己生活、工作等各方面的需要，因此购买欲望没有产生；一旦他们知晓这些信息，就会很快激发出购买需求。因此，销售员应该尝试多种方法，努力寻找和识别出这类顾客。

行家谈经验

不好意思对熟人下手

常言道"销售要从亲戚朋友做起"，我却正好相反，无论多暴躁、多凶的顾客我都不怕，偏偏就是对亲戚朋友不开口。每当我有意无意知道有亲戚朋友在装修，心里既希望他们来买我的地板，又不愿意主动出击，总怕他们觉得我又赚了他们多少钱，要是万一再出个什么问题就更不好了。在这个事情上面，我一直比较纠结和抵触，导致不少熟悉的顾客在默默流失。

直到某年4月商场做联盟，任务实在重，我想起了正准备装房子的干妈。纠结了两天，在活动将近结束时才终于鼓起勇气给她打电话说明了情况，没想到平时不常联系的干妈第二天就来到店里，经过对比之后选了三个性价比好的产品，给我完成了带单任务。同时，也在我的建议下从原来决定铺瓷砖改成地板。干妈的女儿也很感谢我，硬是请我们全店的同事吃了小龙虾，说她们什么都不懂，是我花时间带着她们看，我也很坦然地告诉她们："这都是我应该做的，更别说还是熟人了。"她们都很满意。

后来我想，如果我早一点联系她们，做好充分准备，也许服务可能做得更好。因此，面对熟人，我们更需要突破自己，不要怕丢面子，而应像对待所有顾客一样对待他们，如给予合理的建议，把服务做好。只有这样，我们才能最大限度地寻找更多的潜在顾客。

（二）竞争者的顾客

竞争者的顾客是指已购买或决定购买本公司竞争对手的产品的个人或组织。由于竞争者提供的产品和服务往往与本企业相同或相似，因此竞争者的顾客理所当然地也能成为本企业的顾客；而且与潜在顾客相比，这类顾客购买需求比较明晰，容易识别，销售员与他们容易建立对话，不需要对顾客进行过多产品教育。但在实际销售中，如果明目张胆地把竞争对手的顾客抢过来，恐怕会遭到竞争对手的打击和报复，到时损失或许更严重；因此，竞争对手的顾客是否值得争取，销售员应提前计算一下收获与损失的风险比例。

行家谈经验

从别的门店"抢"单

我曾经遇到过一对夫妻，他们刚好在装修房子。因为我对装修知识比较了解，他们便邀请我去房子里看一看，于是我便当场给他们说了一些装修的注意事项和细节。在此过程中，我了解到他们正欲购买另一个不知名品牌的地板，我惊讶地说："这个品牌我在关岭都没听过。装修公司怎么给你选这样一款地板！如果你真买了这款地板，以后是有很大问题和隐患的。首先，你的地板质量没保证，质量如何，你不知道；其次，地板的环保性能怎么样，你也不了解；最后，你的售后谁来负责？"听我这么一说，他们也觉得很有道理。

于是，我就邀请他们到我们店里看看，并向他们介绍了"如何选择一款好的木地板"。他们也愿意听我说，于是我从板底说到板面、油漆、锁扣、胶水、稳定性、实用性、环保性等，在说的过程中又拿出小样给他们介绍。听了我的介绍之后，他们毫不犹豫地选购了实用性和稳定性都最好的三层榆木地板。就这样，凭借我的耐心讲解和我们店的优质产品，我从竞争对手手中成功"抢"单。

> **职业提示**
>
> 竞争是自然界和人类社会的普遍现象，是自然界优胜劣汰的产物。人们可以通过竞争提高工作效率，促使社会进步。正当的竞争是在一定道德准则约束下，凭自己的真实本领去取胜，而不是弄虚作假、欺骗他人，更不是损人利己、坑人害人。因此，销售员在与同行的竞争中，应秉承"公平竞争原则"，在同一市场条件下共同接受价值规律和优胜劣汰的作用与评判，即凭借自身的优势，如高质产品、优质服务等赢得竞争。

（三）终止交易的顾客

终止交易的顾客是指由于某种原因，曾经与公司有过交易历史，但没有继续购买本企业产品或服务的顾客。终止交易可能是顾客自身的原因，也可能是本公司产品或服务出了问题。由于双方已经有了一定程度的了解，这些顾客中相当一部分存在重新被激活的潜力。销售员应该重视这个群体，积极主动发现并重新将他们转化成为本企业的准顾客。

目标顾客来源于准顾客，准确识别准顾客，缩小了顾客开发的范围，销售员可以采取有针对性的拜访和商务沟通，节约时间和金钱，提高效率。

二、目标顾客的圈定

销售员对于自己销售的产品一定要有明确的顾客群体划分，这样才能找到潜在顾客，实现销售。可以从以下几个方面对顾客群体进行划分：

（一）年龄

年龄是决定顾客是否购买销售员提供的产品的重要因素。将年龄划分得越明确，销售员找到的潜在顾客就越准确。例如：以拍照及音乐播放为主要卖点的手机，目标顾客一定是偏年轻化的，年龄介于16～35岁之间；以打电话为主要卖点的手机，目标顾客是偏年纪大的，年龄大多在50岁以上。

（二）职业

职业决定了顾客购买产品的功能选择。从事不同职业的顾客对产品的选择存在不同的需求，例如：具有抗摔功能的手机，对快递小哥、体力劳动者，会更有吸引力；拍照清晰、色彩艳丽的手机，更容易得到少女、摄影爱好者的青睐。

（三）性别

不同性别的顾客，对产品的思考方式也不一样。女性顾客会更在意产品的外观、颜色、气味等。男性顾客会更加关注产品的质量、用料、品牌等方面。例如：同样是选购洗发水，女性顾客会被瓶子的外观、气味所吸引，从而选择购买；男性顾客会看具体的配方及是否符合自己的发质等因素，从而进行购买。

（四）收入

收入是决定顾客是否购买销售员推荐的产品的经济基础。作为销售员要明确对于自己售卖的产品，目标顾客人群的收入应该要处于什么水平。例如：销售廉价公寓的房地产销售员，目标顾客人群可以定位于刚毕业的大学生、月固定收入在万元以上的企业白领及首次置业人员。

（五）婚姻状况

已婚顾客和未婚顾客对产品的需求也有区别。已婚顾客的需求普遍是房子、车子、未来孩子的教育以及家庭的日常需求。而未婚顾客的需求，就房子的问题来说，目前大多数的单身男女处于租房的状态，相比于用很多贷款买房的已婚人群来说，他们的经济压力相对较小，因此他们留给自己享受生活的资金就会比较充裕，通俗一点说就是他们舍得花钱。

> **同步案例** 　　**单身经济走红**
>
> 　　天猫榜单发布报告称，天猫"双十一"10年单品销量增长数据显示，"一人量"正在消费市场悄然走红。其中，迷你微波炉和迷你洗衣机的购买人数增长最快，仅一年时间就分别增长973%和630%；迷你洗衣机的销售增速已比普通洗衣机高出15个百分点。500克装大米、200毫升的红酒在同类单品中销量增速最快。其中，200毫升6支装、每套568元的酩悦轩尼诗在2018年天猫"双十一"开启预售后，就被秒空数百套。
>
> 　　**点评**：单身经济的走红，折射出婚姻状况对消费市场的影响。销售员要学会抓住市场的有利契机，找对目标顾客，销售自己的产品。

（六）家庭状况

若是以家庭为消费单位的产品，顾客购买的时候受家庭因素影响较大。销售员在进行顾客定位的时候，要区分目标顾客属于哪种家庭类型，然后采取相应的销售策略。例如：以房地产的销售为例，成熟富足的家庭更多会考虑改善型的大宅、大平层、别墅等的消费；成熟的三口之家会考虑孩子的读书问题，更多考虑学区房；丁克家庭由于没有孩子的压力，会考虑公寓房；单身家庭会更多考虑眼前的消费，而选择租房。

三、目标顾客的识别

（一）购买力审查

购买力审查是判断顾客是否具有相应的支付能力。如果顾客没有支付能力，即使他对产

目标顾客的识别

品表现出了较大的兴趣与需求，也不可能实施购买行动，或者是无法立即实施购买行为。

销售员评估顾客的购买力时，应对市场调查相关资料进行分析，从多方面、多角度进行考察；对个体顾客的评估可借助其职业、年龄、收入及家庭状况等要素进行判断；对组织顾客的评估可从经营规模、营业场地、管理体制、顾客情况等方面进行判断。值得一提的是，对支付能力的审查还涉及其诚信审查，在实际销售工作中，很多销售员顺利与顾客签订合同，但却没收到货款，最后成了坏账；这说明有时顾客在交易过程中刻意隐瞒自己的支付能力，误导销售员，存在严重的诚信问题，因此，为避免出现类似情况，销售员在购买力审查时应注意对顾客诚信的审查。

> **同步实训**
>
> **寻找目标顾客**
>
> 假设你是某新品牌的手机厂家销售员，任务是在A城市进行代理商顾客拓展，完成最少3家代理商门店的布局。具体实训步骤如下：
> （1）用所学知识，对目标代理商进行圈定。
> （2）用所学知识，对其代理能力进行审查。
> （3）完成以上内容后，制作成PPT，与同学们分享。
> 以上任务以组为单位完成，学生互评，老师点评。

（二）决定权审查

决定权审查是指销售员对潜在顾客的购买权力进行评估，审查其是否具备购买资格。不论是家庭消费品的购买，还是企事业单位的采购活动，购买决定权往往掌握在少数人的手中，其他人只起到收集、传递信息，提供决策参考建议的作用。以家庭为例，决定权的类型可分为独立自主型、丈夫支配型、妻子支配型和共同协商型；因此，面对顾客购买时，销售员应判断谁才真正拥有决定权，有资格成为促成交易的对象。

> **销售小知识**
>
> **消费者在购买活动中扮演的角色**
>
> 在一个复杂的购买活动中，往往存在多个人物角色；大家共同作用，促成一个购买行为的完成。这些角色可概括为以下五种身份：
> （1）发起者：最先想到或提议要购买某件产品的人。
> （2）影响者：能以语言或行动影响购买活动的人。
> （3）决策者：最后做出购买决定的人。
> （4）购买者：实施这项购买活动的人。
> （5）使用者：最终使用或消费购买回来的产品的人。
> 可见，决策者只有一个。在销售活动中，销售员应分辨清楚每位参与者的身份和角色，从而做出正确的销售决策。

（三）需求审查

顾客存在确切的需求，是成功销售的基础。正确判断顾客的需求及其规模，是销售员的一项重要基本素质。如果顾客没有切实的需求，即使销售员做了大量的努力，顾客也认可了我们的产品和服务，但他们还是不可能做出购买的行为。

行家谈经验

为"客"着想，还是为"钱"着想

面对"客"和"钱"的问题，作为一名销售员，很多人都会毫不犹豫地选择"钱"，能拿到更多的销售提成是大多数销售员的工作目标，而我却不是这样想的。

有位大姐，首次来到我们店看实木多层地板，我为她做了详细介绍，但她没有马上就下单，我就留下了她的联系方式。第二天，我对她做电话回访，提出到她家看装修风格，并为她推荐了合适的地板。到达她家后，我发现她的装修风格都是偏红色系的，我便为她推荐了我们的强化地板，给她分析了原因，并告诉她价格也更实惠。她非常认同，并感谢我为她省了不少钱。

往后每天我都和她电话沟通，了解她家的装修进度，并提醒她一些装修的注意事项，但没有再销售我们的地板。每次都沟通得很好。四天后，我带了三款颜色比较相近的产品到她家去，最终她确定了一款，还问我觉得与她家风格搭不搭。我说："您若还不放心的话，我可以拿一箱板到您家试铺，您可以做一个比对，满意了再下订金，不满意也没关系。"她非常感动，终于定下了这款产品。

后来，我们成了好朋友，她有什么装修问题还会来咨询我，也会给我介绍其他的顾客。为顾客着想，为顾客带来利益或节省成本，赢得顾客的"心"，才能赢得订单，赢得顾客的转介绍。

> **职业提示**
>
> 金钱与人们的生活息息相关，但金钱不是万能的。销售员应树立正确的金钱观，理性地对待金钱，通过合乎道德与法律的正当途径挣钱，并把钱用到有利于国家社会，有利于他人的地方。在实际销售工作中，不能为了赚钱而损害顾客的利益，甚至做出违法犯罪的行为。君子爱财，取之有道。只有通过诚实劳动和合法经营而取得的金钱，才是正当的、合理的。

在分析顾客需求时，销售员应注意区分顾客的现实需求与潜在需求。现实需求是顾客已经感觉到的需求，并且拥有相应的购买力。而潜在需求则是顾客应该具有却没有认识到的需求；或是已认识到，但由于资金、运输能力等有困难，不能立即采取购买行为的需求。潜在需求的激发往往是销售员在工作中的重点和难点。要想激发潜在需求，销售员应用动态的、长期的视角，分析顾客暂时不准备购买或需求不强烈的原因，并设身处地为顾客着想，给予适当的提醒与帮助。不能因为顾客已经明确告知不能购买，就放弃顾客，这样会丢失有价值的顾客。

现代销售技术

> **同步案例** 从"钓钩"到"豪华轿车"
>
> 在美国一家大型综合商场里，商场经理问售货员："你今天有几个顾客，卖了多少钱？"售货员答："一个，卖了30万美元。"经理大为惊奇，要他详细解释。售货员说："我先卖给他一枚钓钩，接着卖给他钓竿和钓线。我再问他打算去哪里钓鱼，他说要去南方海岸。我说该有艘小船才方便，于是他买了那只6米长的小汽艇。他又说他的汽车可能拖不动汽艇。于是我带他去汽车部，卖给他一辆豪华轿车。"
>
> **点评**：很多时候，顾客自己都不知道自己对某产品具有潜在需求。该售货员正是设身处地为顾客着想，才能问出和顾客切身利益相关的问题，如问他到哪里钓鱼，要如何去等，并给予了适当的提醒与帮助，从而刺激了顾客的潜在需求。

第二节 寻找顾客

在识别和确定了目标顾客后，销售员就可以开始寻找顾客。寻找顾客是一个困难的过程，不仅需要销售员付出巨大的努力，还需要具有一定的业务技能和基本素质。掌握了正确的方法，可以帮助销售员提高工作的效率。寻找顾客的方法非常多而且具有灵活性和创造性，不同企业、不同行业的销售员又会根据自己面对的实际情况，逐渐形成一套符合自己需要的寻找顾客的方法。

一、逐户访问法

逐户访问法也称地毯式寻找法，也有销售业内人士将其称为"扫街"或"扫楼"，是指销售员在选定的区域、行业内，用上门、电话、电子邮件等方式对该范围内的个人、组织顾客无遗漏地进行寻找与确认的方法。

使用这种方法的销售员认为，在所有寻访对象中，必然有潜在顾客，而且一般来说呈平均分布，只要他们进行大量拜访和联系，就一定能发现潜在顾客；拜访和联系的对象越多，获利的成效机会就越大，两者呈正比。例如，假设拜访10人会有1人成交，那么100次拜访就会产生10笔交易。

> **行家谈经验**
>
> ❧ "小区"应该怎么跑
>
> 第一次跑小区的时候很盲目，我不知道从哪里开始，也不知道该怎么跑。一进小区门就开始一层一层地爬，一层一层地扫，跑了一栋楼就没有了信心，自己也感觉很累，很反感！好不容易遇到顾客，就马上向其介绍产品，顾客很抵触，于是老碰壁，我也很灰心。

第三章　顾客开拓

后来，我虚心请教了资深业务员，吸取了他们的经验和技巧，现在我也信心十足了。其实，跑小区的技巧包括：进小区门先听声音，再看门口有没有堆沙子的或是送瓷砖的（因为我们售卖的是建材，目标顾客是装修的业主），然后就和保安套近乎，从保安的口中获取信息从而确定目标。顺着目标前进，遇到顾客先是通过聊天和他套近乎，取得顾客的信任和认可；再找机会邀约他进店。要是房屋主人不在，可以把水电师傅、木工师傅、油漆工师傅的电话留下，争取让他们帮你带顾客。

在销售员进入一个新的市场，暂时缺乏相关资料的情况下，采用逐户访问法比较有效。因为这种方法搜寻面比较大，不会遗漏有价值的信息和顾客，搜寻的过程兼具市场调查与研究的功能，也可快速了解目标市场的一般情况。但是，这种方法的缺点是花费的时间和精力都比较多，效率低下，有时还会引起顾客反感。

二、连锁介绍法

连锁介绍法也称链式引荐法，是指销售员请求现有顾客介绍推荐准顾客，或者是现有顾客向准顾客推荐本公司的产品或销售员而促成交易，也可以是顾客向销售员提供充分的准顾客信息，使销售员能高效拜访准顾客，增加成功的机会。

行家谈经验

"关系户"的订单

记得有一年春节放假期间，我到朋友家拜年，正好遇上他的一帮朋友，大家便聚在一起吃饭、娱乐，好不快乐；然而我由于职业病的关系，却一直没能完全放松，总惦记着能不能在新认识的朋友中发展一下顾客。席间，大家聊起了建材。一起吃饭的李女士说到在黑湾河里面有一栋酒店正在装修，酒店老板正是她的朋友。听到这样的消息，我犹如打了鸡血一样，吃饭时特意和李女士亲近，最终通过她获得了该酒店老板的联系方式。

第二天，我便开车来到目标酒店处，拨通了酒店老板林先生的电话："您好！林先生，新年快乐！我是李女士的朋友，昨天在饭局上听李女士说您在黑湾河盖了一栋大型酒店，您真厉害！我现在已经在酒店楼下，请问方便参观一下您的酒店布局吗？"林先生也欣然答应，并带领我进酒店参观。我并没有直言我是销售地板的，而是以李女士为桥梁用参观的身份第一次约见林先生，消除了他的戒备心理。

在此过程中，我得知酒店的装修已进入尾声，林先生正在纠结地面该安装地毯还是地板。我便抓住机会向他介绍了两种不同产品的优劣，重点强调地板的好处，他才反应过来问："你是卖地板的？"我坦诚地告诉他："是的，我是A地板公司销售员。今天来拜访您，一方面是希望能够参观您的酒店；另一方面是希望能够与您合作，让您将酒店的地板交给我负责，毕竟李女士与你和我都是好朋友。"有了李女士的这层关系，林先生很详细地了解了我们的品牌和产品，最终成功签单。

职业提示

随着时代发展，销售领域产生了一种新的关系，学界称为"客情关系"。它是在市场活动中，伴随顾客关系建立、发展和维护所必然产生的情感联系，可理解为公共关系和顾客关系的一个分支。良好的客情关系是销售员必备的素质之一；客情关系不能保证销售员一定能完成销售业绩，但却是完成良好销售业绩的润滑剂。值得注意的是，客情关系并不是陪顾客喝酒吃饭玩乐，甚至某些"金钱"关系；而是通过销售员长期为顾客提供优质产品及良好服务建立起来的情感联系。

连锁介绍法的实质是运用销售员建立起来的销售关系网络获取准顾客，这种销售关系网络是需要长期积累才能得到的，关键是销售员能否赢得现有顾客的高度信赖和获取良好的口碑。因此，销售员必须注意培养和积累各种关系，为现有顾客提供满意的服务和可能的帮助。口碑好、业务印象好、乐于助人、与顾客关系好、被人信任的销售员一般都能取得有效的突破。

三、中心开花法

中心开花法利用了大顾客原理，中心就是指购买量较多或影响力较大的顾客，他们往往被称为"大顾客"。销售员可在某一特定的销售范围内，取得大顾客的信任，然后在这些中心人物的影响和协助下，把该范围内的个人或组织发展成为准顾客。

利用此法寻找顾客，关键在于取得"中心人物"的信任和合作。这些中心人物了解其周围环境并能对其他消费者产生一定的影响。因此，销售员可以集中精力拜访核心人物，做细致的说服工作，减少工作的盲目性；一旦这些人物被说服，就有利于提高销售员的知名度，有利于成交。但是，这些所谓"中心人物"往往难以接近。如果中心人物不愿意与销售员合作，就会失去很多顾客。有时难以确定谁是真正画龙点睛的中心人物，也有可能弄巧成拙。

四、个人观察法

个人观察法也叫现场观察法，是指销售员依靠个人的知识、经验，通过对周围环境的直接观察和判断，寻找准顾客的方法。

销售小知识

顾客说"随便看看"怎么办

顾客光临销售现场，销售员上前询问时，不少顾客回答：随便看看。遇到这种顾客，应该怎么处理呢？有的销售员开始喋喋不休地介绍产品；有的销售员开始询问顾客的私人信息，希望知道顾客关心什么；有的销售员选择了离开和等待。这三种方式似乎都不能取得好的效果。要处理好这个困境，首先应知道顾客为什么会说"随便看看"，此刻他的心理活动有可能是：

（1）希望"自选"，认为自己是内行，不需要别人帮忙。

（2）购买目标不明确，真的随便逛逛。

（3）对销售员有戒备心理，不愿意被打扰。
因此，应对的四个步骤分别为：
（1）观察：认清真正的潜在顾客。
（2）试探：找准时机接触、试探顾客。
（3）谨慎询问：不要急于成交，小心询问顾客需求。
（4）耐心倾听：使用正确的交流方式，多听。

这种方法简便、易行，容易实施，也是绝大多数销售员最常使用的一种古老的方法。通过观察、交流，迅速识别、判断、评估准顾客，本身也是对销售员的基本素质要求。这种方法也要求销售员具备丰富的销售经验，不断自我学习、总结的能力，以及养成随时随地收集交易线索、发掘成交机会的良好职业习惯。

行家谈经验

细心观察很重要

某天，外面下着雨，市场很冷清，我看见一位50岁左右的女士在市场上慢慢地走着，不时抬头看看各个门面的门头。我想，如果这位女士不想买建材，这种天气应该也不会出门吧。于是，我走出去打了个招呼："阿姨，外面下雨呢，你进来躲躲雨吧。"这位女士抬起头看了我一眼，笑笑就进店了。我马上给她倒了一杯茶，搬来一张椅子说："阿姨，外面下雨，你先休息一下！"这位女士坐下来就和我聊了起来，说年前刚得房，今天是专门过来看建材的，愿意了解我们的产品。

从这位女士和善的态度和说话的语气不难看出，她极有可能想购买我们的产品。我觉得有戏，就耐心地介绍起我们的品牌和产品，从安装到售后，她听得很仔细，不住点头；我又抓紧机会向她展示了每一款产品和价格，她很满意，马上给了订金。虽然这次销售看似简单，但我认为，如果当时我做不到细心的观察和良好体贴的服务，也许这样的顾客就会从我的身边溜走。

五、广告拉动法

广告是一种传统的营销工具，也是搜寻准顾客的一种重要手段。广告拉动法通过向可能存在准顾客的目标区域发布广告，利用广告的宣传攻势，把有关产品的信息传递给广大的顾客，刺激或诱导顾客的购买动机和行为，然后销售员再向被广告宣传所吸引的顾客展开销售活动。一般情况下，这种方法比逐户访问法效率高，缺点就是要支付相应的费用。

六、资料搜寻法

资料搜寻法又称文案调查法，是指销售员通过收集、整理、查阅各种现有文献资料，来寻找准顾客的方法。电视、报纸、杂志等大众媒体，顾客发布的消息，产品介绍，企业内刊等，都可以成为销售员可利用的资料来源。另外，随着科技发达和社会进步，销售员应学会运用各

现代销售技术

种互联网技术来快速精准地获取信息,最大限度地减少自身工作的盲目性,提高工作效率。这种方法要求销售员有较强的信息处理能力,能从大量、复杂的信息中获取对自己有用的信息。

▶ 内容结构思维导图

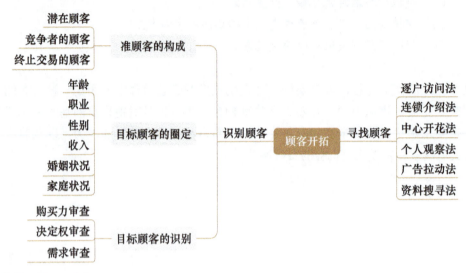

▶ 本章的重点和难点

- 目标顾客的圈定标准(年龄、职业、性别、收入、婚姻状况、家庭状况等)。
- 识别顾客的三个准则(购买需求鉴定、购买力评估、购买资格审查)。
- 寻找顾客的方法和策略(中心开花法、逐户访问法、连锁介绍法、广告拉动法等)。

单元案例

保险经纪的顾客审查

某保险公司业务员李慧慧与她的老顾客——一个鱼档口老板正在谈续保事宜,眼看顾客就要拒绝她了,忽然一位高贵的家庭主妇出现,问老板说:"今天有没有给我留条大点的鱼呀?"老板连忙招呼道:"当然有呀,你看这条3斤重,又新鲜。"主妇马上笑逐颜开,点头答应。老板转头和李慧慧介绍:"王太太人很好的,每次来都买很多鱼,不好的她都不要,要是我多几个这样的客人,我就可以和你续保了。"主妇笑着说:"一家人吃饭最重要的是开心,吃得好了贵一点也无所谓了。"李慧慧打量着身边这位高贵的妇人,衣着靓丽,打扮时尚,加上刚才说的话,一看就是自己的潜在顾客。

随后,她便与妇人搭讪着一路聊到了家门口。她看到妇人的家是一栋豪华的别墅,便对妇人说:"王太太,您家房子真大,而且背山面海风景真是好极了!但这里这么大,一个月的开销肯定也不少,您计算过有多少吗?"主妇想了一下,说:"这倒是没有。""不计算怎么行,中国古话说得好,未雨绸缪;每个人都想幸福快乐,但在退休以后怎么才能保证衣食无忧呢？这就得想清楚了。"李慧慧说着，就从包包里拿出自己的名片递给妇人，接着说："王太太，在这方面或许我能帮助到您。这是我的名片。"妇人接过名片看了看，说："原来你是做保险的呀？但……我想我现在暂时不需要买保险。"边说边放下了名片。但李慧慧又再一次拿起刚放下的名片递过去，说："现在人口老龄化非常快，……您真的要考虑清楚呀！"

正说着，家门被推开了，妇人的儿子回来了。李慧慧看到妇人在读大学的儿子之后，又接着说："您的儿子真优秀，应该快本科毕业了吧。之后您有想过供他读硕士、博士吗？"妇人终于有了笑意，自豪地说："能读当然好，我们也会继续供的。""那也是，每个母亲都会望子成龙的；但学历越高，学费就越贵了，也是时候做好储蓄计划了。但是现在银行利息很低，我们公司就不一样了，可以为您做一个很好的投资储蓄方案，到时候您儿子想读什么课程都没问题了。"李慧慧笑着说，边说还边拿出笔记本登记着妇人的基本资料，包括她的姓名、联系电话、家庭成员等。妇人忽然想起什么，说："其实这个事情我还得问问我丈夫才能决定买不买的。"李慧慧迟疑了一下，回答道："那倒是，夫妻之间凡事都应该商量的。这样吧，您现在就给您丈夫打个电话问问他，趁我在这里，若有问题也可以马上解答呀。"说着就把手机递给妇人，妇人配合地拨打了电话，然而并没拨通。这下李慧慧也没辙了，只好识趣地说："这样也没办法了，那我不打扰您了，等您和丈夫商量过后，再联系我吧。"说完就离开了。

问题：

1. 李慧慧有按照识别顾客的三个标准做顾客审查吗？
2. 李慧慧找到该顾客使用的是什么方法？

分析提示：

1. 从购买需求鉴定、购买力评估、购买资格审查方面思考。
2. 从连锁介绍法、个人观察法等方向思考。

单元自测题

1. 销售员在其任务范围内或特定地区内，以上门走访的形式，对预定的可能成为顾客的企业或组织、家庭乃至个人无一遗漏地进行寻找并确定顾客的方法，属于寻找销售对象的（　　）。

 A. 逐户访问法　　　　　　　　B. 广告搜寻法
 C. 连锁介绍法　　　　　　　　D. 名人介绍法

2. 寻找销售对象的主要途径有（　　）。

 A. 通过市场调查走访寻找　　　B. 在现有顾客中寻找
 C. 通过广告寻找　　　　　　　D. 在本单位内部寻找

3. 一位销售员与一位顾客谈了多次都未成功，后来才了解到购买设备的决策权不在这位总工程师手里，而是在更年轻一些的副厂长手中。后来销售员积极与那位副厂长联系，终于达成了协议。这一案例说明了该销售员对顾客资格忽略考虑了（　　　）。
   A. 产品购买力　　　　　　　　B. 购买产品的决策权
   C. 对产品的需求　　　　　　　D. 以上三项
4. （　　　）是销售的起点。
   A. 约见顾客　　B. 寻找顾客　　C. 接近顾客　　D. 拜访顾客
5. 一般来说，准顾客由（　　　）构成。
   A. 潜在顾客　　　　　　　　　B. 竞争者的顾客
   C. 终止交易的顾客　　　　　　D. 已购买的顾客
6. 销售员在对顾客群体进行划分时，可以从（　　　）几个方面划分。
   A. 年龄、职业、性别　　　　　B. 收入情况
   C. 婚姻状况　　　　　　　　　D. 家庭状况
7. 销售员在销售产品的时候将产品分为大瓶装和小瓶装，对目标顾客进行圈定，主要是考虑（　　　）等因素。
   A. 年龄、职业、性别　　　　　B. 收入情况
   C. 婚姻状况　　　　　　　　　D. 家庭状况
8. 销售员在做顾客购买资格审查的时候，（　　　）会最终决定能否成交。
   A. 发起者　　B. 影响者　　C. 决策者　　D. 购买者
   E. 使用者
9. 销售员小李通过熟人关系去开拓顾客，他使用的是（　　　）。
   A. 逐户访问法　　　　　　　　B. 连锁介绍法
   C. 中心开花法　　　　　　　　D. 个人观察法
10. 以下属于用中心开花法寻找顾客的是（　　　）。
    A. 小李到小区和马路去发宣传海报
    B. 小张喜欢上互联网平台搜索顾客的招标公告
    C. 小王在新小区里和房地产开发商做了一个样板间，从而吸引这个小区的顾客买他的建材
    D. 小吴找到了该市最有影响力的大人物，通过这个大人物获得了很多的订单

单元实训

以组为单位，按以下步骤进行实训：

1. 选择一种自己熟悉的产品（可为电子产品如手机、电子手环、笔记本电脑等；食品如方便面、各式饮料、零食等；服饰如背包、鞋子、牛仔裤等），对其进行目标顾客的圈定。

2. 假设该产品将在你所在的地区进行销售，应该采用什么方法寻找顾客呢？请集体讨论并写出销售方案。

Chapter 4

第四章
顾客接触

教学导航

☙ **知识目标**

◎ 熟悉约见顾客的基本方法
◎ 掌握接近顾客的基本策略
◎ 掌握建立顾客信任的基本技巧

☙ **能力目标**

◎ 能阐述影响顾客信任的若干因素
◎ 能运用所学方法成功约见顾客
◎ 能运用所学策略与技巧进行顾客接近

"销售之神"原一平的销售"手记"

根据打听来的消息,我前去拜访一家业务很活跃的贸易公司。但是,去了好几次,董事长不是不在就是在开会,总是无法见到面。好几次都是在接待小姐同情的目光之下,留下名片,怅然而返。不知道是在第几次的拜访中,我突然发觉接待小姐桌上的花瓶不见了。于是,下一次再去时,我便带了装着两朵菊花的小花瓶,送给接待小姐,以表示我心中的感激。又惊又喜的接待小姐告诉我,董事长常常推说不在,因此一定得这么守下去。

此后,接待小姐就成了我的内援,每隔3天,我就带着两朵菊花前去拜访。可是,依然没有任何的进展。时间一久,全公司里的人都认得我,并且戏称我为"菊花销售员"。但是,我还是见不到董事长。

大约经过两月以后,有一天我照常前去拜访,接待小姐好像是自己的事情一样,兴高采烈地对我说:"董事长等着你呢!"并立刻将我带入董事长的办公室。"本公司的员工都非常称赞你哟!"他只说了这么一句话,也不容我多言,即签下最高金额的合约。我永远也无法忘记当时不禁喜极而泣的情景。

讨论:原一平先生的成功秘诀是什么?

上述案例中,销售员采用了有效的方法和技巧接触到自己的顾客;可见,顾客接触是销售流程中非常关键的一步。能见到顾客,销售员才会有成交的机会。所以,能够约见到顾客非常重要,见到了顾客后,让顾客信任销售员,愿意与销售员沟通,是本章重点探讨的内容,包括约见顾客的两个途径、接近顾客的六种方法、建立顾客信任的四种因素。

第一节 约见顾客

约见顾客是销售的重要一步,也是决定是否能够成交的关键。所以,作为一名销售员,重视顾客约见,持续接触更多的顾客,才能达成销售目标。销售公式可表示为"销售总额=接触顾客数×成交率×顾客单次销售额",这表明接触顾客数是达成销售额的重要一步。那么,有哪些约见顾客的方法呢?

一、直接约见

直接约见是指销售员通过直接和顾客沟通来约见,这是销售员最常用的方法。根据上一个步骤收集到的顾客信息,通过顾客电话、微信、在线平台留言(微博、网页、QQ、论坛)等方式与顾客约见。在约见顾客线下见面前,如果有充分的线上交流,会对线下的见面沟通有促进的效果。所以,要保持和顾客的线上接触,才能赢得更多线下见面的机会。

第四章　顾客接触

根据不同的分类准则，直接约见可按约见方式分为电话约见和网络约见，又可按约见地点分为登门拜访、预约在公共场所以及预约来店。

销售小知识

线上接触提升约见成功率

销售员小林加了顾客微信后，会将这个顾客"标星"重点关注。当顾客在微信朋友圈发布了一条内容后，他会及时去点赞，并且在评论区评论留言，留言以"赞"开头，以"问"结束，顾客往往都会在朋友圈里和他互动。每天早上的时候，他会发一句问候语，节假日也会发祝福内容。一来二去，和顾客在线沟通熟络之后，小林再进行电话预约见面，往往成功率很高。

（一）按约见方式分类

1. 电话约见

电话是现代销售活动中最常见的沟通工具之一，具有成本低、效率高，可在短时间内约见大量顾客的优点。但随着电话销售的普及，顾客对该方式也产生了一定的抗拒心理，认为常常受到一些不相关推介信息的滋扰，导致销售员电话约见的成功率越来越低。

行家谈经验

提高电话接听率的技巧

从事销售已经10年了，感觉最近几年电话营销顾客接听率大幅度下降，就算顾客接听了，能听销售员讲完一句话才挂机的也不多。后来，我想，怎样的情况下，对方才会愿意接听电话呢？那是对方对你比较熟悉了，才会愿意电话沟通，就好像自己打电话给朋友一样。

所以，每次在打电话给顾客之前，我会先发一条短信"预约"顾客的时间，当然，顾客一般是不会回复我的短信的，但我在短信里已经写明白，什么公司的什么名字的销售员会在几点打电话给他，沟通××事情，解决他什么难题。当我在约定的时间，打通了顾客的电话，顾客接电话的概率大幅度提升。当我告诉顾客，我就是今天早上发短信和他预约通话的销售员××的时候，顾客也会让我继续讲下去。通过几个月的实践，我目前的电话营销成功率提升了50%多。

有研究表示，一通销售电话的成败，仅取决于电话接通后的20～30秒，这对销售员来说无疑是一个重大挑战。要想在最短的时间内吸引顾客的注意，激发他们继续交流的兴趣，销售员必须做好充分的事前准备，掌握打电话的技巧，精心设计语言脚本，并具有随机应变的能力。

现代销售技术

> **销售话术**
>
> **销售情景1：你在哪里拿到我号码的**
> 话术：您的号码收录在我公司的潜在"VIP顾客名单里"，今天给您来电就是想了解一下您的需求，看看我能否为您解决问题。
>
> **销售情景2：顾客向你发脾气**
> 话术：别生气，这样对身体不好，不划算。
>
> **销售情景3：别来烦我，再打投诉你**
> 话术：听出来您心情不好，若您说出来心情会好些的话，我愿意听。
>
> **销售情景4：顾客骂你**
> 话术：说句实话，我发自内心不生气，说话很直的人心里都很善良。
>
> **销售情景5：顾客瞧不起你**
> 话术：虽然销售赚不了几个钱，但我发自内心喜欢……（示弱）。
>
> **销售情景6：我现在没时间**
> 话术：就耽误您1分钟，听我介绍完您再决定可以吗？或：您确实忙的话，我下午3点再与您电话沟通，好吗？
>
> **销售情景7：需要时，我再给你打电话**
> 话术：听到这句话我知道您很善良，但我知道您不会再和我联系了；之前很多人都说过，却没有一个再联系；之所以说联系，是因为不想伤害我。

在消费过程中，顾客最关注的就是自身的需求是否能得到满足以及能获得什么利益。因此，在电话约见中，销售员要想在短时间内吸引顾客的注意，应该在电话里清楚地让顾客知道三件事：①我是谁，我代表哪家公司；②我打此通电话的目的是什么；③我能给顾客带来什么好处。第三点尤其重要，销售员应通过强调自身能给顾客带来的利益，最大限度地吸引顾客的注意，才能留住顾客以争取成功约见，而其他不相干的话语在电话里则少说为妙。每次电话沟通的时候最好不要超过3分钟，除非顾客有兴趣继续和你聊下去。对于关键的内容及顾客疑问，最好见面聊，这样更能解决问题。

2. 网络约见

网络约见是随着社会发展，科技进步所产生的新型约见方式，包括运用微信、QQ、电子邮件、社交平台或网络软件等工具进行约见。

> **同步实训　如何撰写拜访信**
>
> 假如你是某办公家具厂销售员，市中心一家大型网吧即将开业，可能会需要大量的电脑桌椅，你收集到了网吧负责人李小军的电子邮箱地址，请发一封电子邮件给他，目的是预约做一次商业拜访，以期望达成交易。
>
> 通过撰写拜访信，总结写信时需要撰写的基本内容有哪些。

电子邮件约见简单易用，成本低廉，可直接到达顾客手中，是常用的约见方式。一封完整的电子拜访信，内容应该包含以下几个部分：

（1）约见对象。在信件开头，要写清楚对方的称呼，如黄经理、陈主任等。

（2）约见事由。在信中应简要说明撰写本次信件的目的，即约见事由。约见事由应简明扼要，切忌长篇大论。

（3）约见的时间、地点。在信中应清楚指出希望约见的时间和地点，这样才能真正达到预约的目的。

（4）约见人信息。在信的末尾，应注明本人身份，包括姓名、所属企业、联系方式等。这样既是礼貌，又能让对方想联系你的时候能随时联系上。

在电子邮件中，还可附上企业及产品的介绍信息，如图片、网络平台、链接等。

其他网络途径的约见方式，可以参照电子邮件约见的要素，表达的顺序可以做相应的调整，语言表达也要更加精炼。特别是像微信这些可以及时回复的约见工具，销售员要根据顾客的回应及时做出内容的调整。

（二）按约见地点分类

1. 登门拜访

登门拜访是最常用的拜见顾客的方式，也是最方便顾客的约见方式，对于陌生顾客一般都是使用登门拜访的方式。登门拜访对于销售员来说，要做的功课更多，在顾客的公司或办公室交谈，销售员在"天时、地利、人和"方面都不占优势。约见前一定要做足功课，如准备好谈话的大纲、聊天的内容，以免出现冷场的尴尬。电话约见时，最好由公司来统一约见，表示公司对顾客的重视，而不是销售员的个人行为。登门拜访的人数控制在2个人或与对方见面的人数相同；若只有销售员一人拜访，会显得公司的实力不足，洽谈中容易陷入劣势。

2. 预约在公共场所

预约在公共场所见面，对自己和顾客都是相对平等的，大家的洽谈会更加放松、自然，更容易建立感情，获得信任。比较熟悉的顾客会更愿意在公共场所，如咖啡馆、茶馆、餐馆、酒店等地方见面洽谈。

预约在公共场所时，销售员要根据顾客的兴趣爱好来选择适合的地方，了解顾客是喜好喝茶还是喝咖啡；顾客是喜好安静的地方还是喜好热闹的地方。另外，选择的约见地点以方便顾客为宜，建议一般选在顾客公司或家附近。

3. 预约来店

预约顾客来自己门店、展厅、办公室等洽谈对自己是非常有利的，销售员占尽了"天时、地利、人和"的优势，可以全方位地展示自己的产品、自己公司的优势，也可以获得公司更多部门的协助。但这需要顾客对销售员推荐的产品非常感兴趣，有了初步意向的顾客才会愿意到店里，或销售员的公司、办公室见面。

二、间接约见

间接约见是销售员在无法直接约见顾客的情况下,采取的另一种约见策略,以达到与顾客见面的目的。

1. 通过朋友约见

销售员通过身边的朋友了解到顾客的信息,通过朋友与顾客的关系,让自己的朋友帮忙约见顾客,甚至让朋友陪同一起和顾客见面。由于有朋友与顾客的关系,销售员往往能够更容易得到顾客的信任。

> **销售小知识**
>
> ❀ 约见时总见不到顾客怎么办 ❀
>
> 在面对企业顾客时,应该尽量拜访职位高的人;职位越高,拥有的决策权越大。然而,职位高的人并不那么容易约见,实际中销售员往往很难见到企业里职位高的人。这时不妨先接近他身边的人,如秘书、助理、前台文员、甚至是保洁员、门卫、保安等;这些人职位较低,相对容易接近,但却属于顾客身边的人,对顾客行踪比较了解。所以,他们是销售员和顾客之间很好的桥梁。

2. 通过"偶遇"约见

销售员通过多方打听了解顾客的兴趣爱好、行动轨迹、每天的时间安排等,为自己与顾客的见面,创造"偶遇"的机会。例如:销售员了解到顾客每天晚上8点会在江边跑步,销售员也可以换上跑鞋到江边跑步,寻求与顾客"偶遇"的机会。

> **行家谈经验**
>
> ❀ 与顾客"偶遇"创造的成交 ❀
>
> 某小区的一个高端顾客,多次电话约她时间,想登门拜访她,她都说没时间;让她到店里参加活动,她也没有来。我想,就去她家的小区"偶遇"她吧,说不定还能碰上。
>
> 我的运气真好,真在小区碰上她了。我说,今天我在这个小区恰好有个工地在安装地板,过来看看,想不到还真遇上您了。她让我上她家里看看,她家的面积170多平方米,打算全屋铺木地板。我以后每次去小区先去她家看看有没有人,以加深顾客的印象混个脸熟。
>
> 在跟踪了一个多月以后,她还在犹豫,刚好8月份我们公司有一个活动,在活动的最后一天晚上给我转了一个微信红包下订金,并说去活动现场看看,我激动得一个晚上没睡好,前期的努力总算没白费,顾客最终信任我和我一块去参加活动,并下单订了我们的伦敦秋色型号,非常满意。到现在我们还一直微信联系,就像朋友一样。

第二节 接近顾客

约见顾客后，怎样接近顾客，并与他进行沟通，开场话术非常关键。一句好的话术，能够深深地吸引顾客的兴趣；一句无关痛痒的话，则会让顾客筑起心理防线。接近顾客的方法应根据情景来设定，在不同的情景下，要采用不一样的方法。所以，销售员除了要学会方法外，还要懂得随机应变。接近顾客的方法一般包括以下几种：

一、表演接近法

表演接近法是指通过像舞台表演一样的手法，深深吸引顾客的注意，并在顾客心目中留下深刻的印象。乔·吉拉德将每一次顾客接待都当作一场表演的开始，并称为"show time"（表演时刻）。表演开场法要求销售员有一定的表演天赋，有销售的热情及激情，并且要展示的产品卖点也比较突出，具有特殊功能。

> **同步案例** 各行业销售员的"表演时刻"
>
> （1）某化妆品销售员在店铺门口做顾客拦截的时候，进行一段魔术表演，凭空变出了一支玫瑰，送给路过的目标顾客，再引导他/她进店里看产品。
> （2）钢化玻璃贴膜销售员为了显示其钢化玻璃贴膜的特殊效果，在一块普通玻璃上贴上他销售的贴膜后，让潜在顾客拿棒球棍砸玻璃，能将玻璃砸坏的顾客，奖励1 000元。这引起了众多潜在顾客的尝试。
> （3）地板销售员为了显示其地板锁扣的牢固，在两块扣在一起的地板下面吊一张长椅，像荡秋千一样，让多个顾客坐上去，只要两块地板脱扣，顾客就可以获得免费购买地板的奖励。
> **点评**：以上这些以"表演接近法"切入，激起顾客的好奇心，让顾客在有趣、好玩中，感受到产品的独特卖点，非常符合现在年轻人喜欢新鲜、有趣、好玩的性格。

二、赞美接近法

这是最常用，也是最有效的方法。赞美是用语言表达对人或事物优点的喜爱之意。在日常交往中，人人需要赞美，人人也喜欢被赞美。如果一个人经常听到真诚的赞美，就会明白自身的价值，有助于增强其自尊心和自信心。在销售场合，当双方立场有分歧时，适当的赞美会发出神奇的力量，不仅能化解矛盾、克服差异，更能促进理解、加速沟通。所以，善销售者也大多善于赞美。

赞美接近法

> **同步案例** 销售从赞美开始
>
> 一个专门销售各种食品罐头的销售员说："陆经理，我去过你们商场多次，作为本

市最大的专业食品商店，我非常欣赏你们商场高雅的店堂布局，你们货柜上也陈列了省内外许多著名品牌的食品，窗明几净，服务员和蔼待客，百问不厌，看得出来，陆经理为此花费了不少心血，可敬可佩!"听了销售员这一席恭维话语，陆经理不由得连声说："做得还不够，请多包涵，请多包涵!"嘴里这样说，心里却是美滋滋的。这位销售员用这种赞美对方的方式开始销售洽谈，很容易获得顾客对自己的好感，销售成功的希望也大为增加。

点评：赞美应言之有物，切忌信口开河、胡吹乱捧。该销售员从商场的陈列、卫生、服务等细节给予陆经理赞美，让他觉得自己的工作得到了认可和肯定。

三、馈赠接近法

在"销售准备"章节提到要为顾客提供见面礼物，就是在这个时候派上用场的。见到顾客后，先送上一件与自己产品相关的礼物，并告诉顾客这件礼物的由来，能够将顾客的兴趣吸引到销售员所介绍的内容上。

同步案例 儿童洗护用品销售

阿标是儿童洗护用品的销售员，和顾客见面时，都会先送上一套洗护用品套装，并且这个套装的外观造型也非常特别，外观用了小孩子喜欢的"猪猪侠"形象，深深吸引了顾客的目光及兴趣。阿标随即和顾客聊起小孩子的洗护问题以及教育问题，由"猪猪侠"引申到小孩子喜欢看电视，电视看多了，小孩子的脸上肌肤就会干裂，而用他所销售的这款儿童护肤套装，能够有效锁住水分，保持孩子皮肤白白嫩嫩。阿标的每次销售都深得顾客的喜欢。

点评：一份小小的礼物其实就是一个开始沟通的突破口，可以避免与陌生人开始沟通的尴尬，同时也便于围绕礼品展开聊天话题，有利于切入自己销售产品的介绍。

销售小知识

应该给顾客送什么礼物

很多企业为开拓顾客，增加自身品牌的知名度和美誉度，在开拓和接近顾客时往往会采用"馈赠接近法"，给顾客赠送印有企业标识的礼物。这些礼物常常是一些方便携带、小件实用的产品，如杯子、笔、雨伞、纸巾、购物袋等。礼物能增加顾客对销售员的好感，使他们之间更快地建立信任和联系。销售员也可根据与顾客的不同关系赠送不同的礼物，例如对待老顾客，在知道他们的喜好后投其所好，赠送一些他们喜欢的东西，这样可以更好地维持与顾客的长久关系。

第四章 顾客接触

职业提示

在社会主义核心价值观中，友善是对公民维系良好人际关系和社会关系的基本道德规范。无论身处哪个阶层、从事哪个行业，友善都是公民应当积极倡导的基础性的价值理念。友善即与人为善，要求人们善待亲友、他人、社会、自然。销售员也应具备这种优秀的个人品质，在销售工作中尽力与顾客建立和谐友好的关系；适当的赞美和馈赠会有利于关系的建立，但不能过度。销售员应把握赞美和馈赠的分寸，实事求是地赞美，真情实感地馈赠，这样才能真正保证双方的长久交往。

四、求教接近法

人们都有"好为人师"的心理，人们都希望被需求、被重视。求教接近法可以激起顾客的这种心理。使用求教接近法时要注意以下几点：①求教之前要了解顾客真正擅长的地方，从顾客擅长的地方切入请教；②求教的内容不需要顾客花太多的精力去做就能达成；③求教完后，加上赞美更有效。例如："您真是这方面的专家啊，您的一席话，让我茅塞顿开，真是'听君一席话胜读十年书'。"

行家谈经验

三次进店没成交，只因一句"请教"获得了签单

顾客谭老师的信息是从异业品牌收集到的。他是一名大学退休老师，只通过电话和短信联系，不肯加微信，邀约了很多次终于在一场夜宴活动来店，他是一个人来的，没有留下什么意向，在卖场转了一圈就走了。

我接待谭老师的时候已经是他二次进店了，他对一款二翅豆实木地板产生了兴趣，但也只是看了下小样，连预算都没做又离店了。

隔了一周，他又来了，问了很多问题就是不说订单的事，每次都是在我回答他的问题后，他认可了，但马上又用其他理由推翻，然后又再提问，想看我怎么回答，感觉就像是老师在给学生考试一样。

第四次，我以商场做活动为名，顺利邀约到谭老师进店，这次他把老婆带来了，本以为两口子都在，确定了花色就可以直接下单。但他老婆否决了谭老师看中的那款二翅豆地板，说他眼光有问题，现场气氛有些尴尬。在沟通中得知他夫人是退休校长，骨子里透着一股领导风范，连看人的眼神都很强势，我就没有跟她聊产品。因为在此之前得知他儿子年纪轻轻就在长沙某医院当主治医生，我就开始把自己对老师的崇拜，对医生的敬仰表现出来，并请教他们如何培养出这么优秀的孩子，聊得她忘记了开始的事情，然后才问她为什么不能接受那款产品，沟通后我又推荐了一款价格差不多的美国红橡地板给她，她看了以后觉得这就是她想要的，随后就下了订单。

三次的沟通接待都无法攻破，只因一句"请教"育儿经验，打破了僵局。对于比较强势的顾客，我们作为销售员以"求教"的方式接近，往往更能打破僵局，获得订单。

五、利益接近法

利益接近法就是利用销售的产品能够给顾客带来利益来吸引顾客。销售员往往会容易从产品的卖点切入,开始进行产品介绍,这是销售的误区。相对于产品的卖点,顾客更看中的是产品能够给他带来的利益。这个利益包括:为顾客节省成本、节省时间、延长使用寿命、售后增值服务等。在顾客信息收集环节,了解到顾客更加看重哪方面的利益,就从哪方面去切入。

> **同步案例　太阳能发电项目推介**
>
> 北京某品牌太阳能发电项目销售经理每次在向顾客推荐他的家庭太阳能发电项目的时候,都会为顾客算一笔账。以下是他们的对话:
>
> 销售经理:"您一年的家庭用电要多少钱,至少要5 000元吧,10年就是5万元;您有没有想过怎样将这5万元省下来,并且还多赚几万元?"
>
> 顾客:"哪有那么好的事情啊?"
>
> 销售经理:"我这个太阳能发电项目,只需要在您家的楼顶安装太阳能发电板,不但您家的电费可以省了,多余的电还可以卖给国家电网。10年下来,不但可以节省5万元的电费,还可以净赚几万元卖电的钱。这是一门躺在家里就可以赚钱的生意。"
>
> 点评:利用能够带给顾客的利益,更能吸引顾客的兴趣,从而促使顾客下单。

六、服务接近法

通过为顾客提供服务来切入销售,更能体现销售员的善意与真诚。一般的销售活动,服务都是在销售过程中及售后提供的,若销售员能为顾客提供前置服务,以良好的服务打动顾客,更能赢得销售。

> **同步案例　服务切入,赢得批量顾客**
>
> N品牌的小区销售员小刚为了销售地板,每天在新交房的小区里驻守,看到那些正在搬运装修材料的业主,就迎上去帮忙,在帮顾客搬运物料的过程中与顾客进行深入的交流,如:装修到哪一步?是哪一家装修公司帮忙装修?是什么装修风格?是否已经订购地板?等等。
>
> 若了解到顾客还没有订购地板就与顾客讨论买地板要注意的事项、要避免的陷阱等,然后再销售自己的产品,由于有前面的服务为基础,顾客更容易接受他销售的地板。
>
> 通过了一个多月的小区服务推广,一个1 000多户的新小区,有35%的业主通过小刚购买了地板,小刚也成了这个小区的"名人",大家都知道他"热心肠",喜欢帮助人,大家也愿意将身边的业主、朋友推荐给他。
>
> 点评:服务切入看似销售员吃了些"亏"——还没有签单就为潜在顾客付出了大量的时间,甚至是金钱成本,但从销售产品的过程来说,这些投入是值得的,甚至比其他没有事先提供服务的销售员更加高效。因为好的服务会形成口碑,会影响更多的潜在顾客。

第三节　建立顾客信任

销售的达成是从建立信任开始的，作为一名销售员，在接近顾客之后，就要想办法赢得顾客的信任，顾客的信任是销售是否能够继续往前推进的关键。

研究表明，顾客购买产品的两个最主要的原因，一是信任，二是价值。可见信任是销售的第一重要因素。现在的顾客都乐于向熟人、朋友购买产品，或更加容易接受熟人、朋友推荐的产品，是因为对熟人、朋友的信任，知道熟人、朋友不会欺骗他，所以买得更放心。影响顾客信任的因素很多，有销售员方面的，有公司及品牌方面的，有产品方面的，还有其他的一些影响因素。这里重点和大家分享有关销售员自身的影响因素，归结起来主要有形象、赞美、相似、接触等。

一、形象

虽然现代人对外表着装的看重程度已经没有以前严重，"先敬罗衣，后敬人"的现象已经越来越少，但并不代表人们对"形象"不重视。心理学研究发现，人们都会有向往美好事物的心理。对于颜值高的人或事物，都会更加容易接受。所以，作为一名销售员，不得不重视自己的外在形象。

> **同步案例**　　外在形象对于信任的影响
>
> 日本的一位女大学生曾经做了一项研究：外在形象对于信任的影响。她先以大学生平时的着装，素颜到大街上拦截陌生人，说：我的钱包丢了，能否借点钱给我坐车回家？她拦截了1小时30分钟，拦截了20多位路人，但没有得到任何帮助。
>
> 她回去让化妆师帮忙打理了头发，修整了眉毛、眼睫毛，画了眼线，涂了口红等，对头部形象进行了美化，整个人焕然一新，眼睛显得更大了，脸色也更红润了，唇色也更迷人了。然后，她穿着同样的一套服装到大街上继续拦截路人，说同样的话：我的钱包丢了，能否借点钱给我坐车回家？拦截了20分钟，有5个路人给予她帮助，一共收获了1 500日元。并且还有一位先生拿出了一张名片递给她说："以后您有什么困难，可以来找我哦。"
>
> **点评**：一前一后的形象变化，陌生人的反应完全不一样。可见，形象会影响陌生人对销售员的信任。

二、赞美

赞美接近法也提到赞美对于接触顾客的重要性，这里再重申赞美对顾客信任的影响。赞美能够让顾客心情愉悦，能够让顾客与销售员进行更多的交流。以赞美开场的时候，可以从以下几点切入：赞美顾客的自身优点，赞美顾客的随行人员，赞美顾客的物品，赞美顾客话语中透漏的细节等。

现代销售技术

（一）赞美顾客的自身优点

1. 外在美

赞美的点可以包含五官、身材、服饰、发型等。对于顾客的长相、身材方面的赞美，可以少用；因为这是他先天具备的，并不是他后天努力的结果。

销售话术

话术1：我第一眼见到您的时候，让我想起了××明星，您和他长得挺像。

话术2：您这身套装真好看，更显身材。

话术3：您的发型很好看，显得很有精神。在哪剪的啊？

话术4：别开玩笑了，看您的容貌，肯定不到四十岁。

话术5：您的耳垂又大又圆，一看就是大富大贵的人。

2. 内在美

赞美的点包括顾客的品德、内涵、谈吐、举止等。赞美顾客表现出来的一种状态、气质，这是对顾客修养、社会地位、社会阶层的认可，会得到顾客的喜欢。

销售话术

话术1：看您的气质，我猜您是一名老师吧？

话术2：您的思维太活跃了，我根本就跟不上。

话术3：您的语调独特，言谈中充满了感染力。让我想起了一个对我很好的老师。

话术4：您真幽默，话从您口中说出来就是不一样。

话术5：从你们的言谈中可以看出，我今天遇到的都是有修养的人。

（二）赞美顾客的随行人员

赞美顾客的随行人员，也等于间接赞美了顾客，同时也做到了不忽略他身边的人，这在销售的关键时刻，会起到很大作用。

1. 赞美孩子

孩子作为家里的宝贝，每个人都希望自己的孩子讨人喜欢。当销售员和顾客的孩子都能打成一片的时候，顾客自然也会喜欢。

销售话术

话术1：这个孩子长得真可爱，多大了啊？（3岁）才3岁啊，长得像5岁的孩子一样高了。

话术2：这个宝宝太讨人喜欢了，过来，姐姐抱抱。

话术3：这个孩子长得真标致，他和您长得很像，像印出来的一样。

2. 赞美老人

老人作为家里的重要影响人物，他的话语对购物决策也会起到举足轻重的作用。

> **销售话术**
>
> 话术1：老人家高寿啦？（80岁了）真看不出来，我还以为您才60多岁呢。
> 话术2：真羡慕你们幸福的一家子，婆婆，您有那么孝顺的儿子/媳妇可以好好享清福啦。

3. 赞美朋友

和顾客同行的或是朋友，或是闺蜜，或是顾客请过来帮忙给参考意见的"专家"，当给予他积极的赞美时，他会成为销售员的拥护者，关键时刻对成交也能起到很好的帮助作用。

> **销售话术**
>
> 话术1：看你们俩长得真像，是姐妹吗？
> 话术2：有那么专业的朋友陪您逛建材市场，您一定能够买到更加称心如意的产品。
> 话术3：这是您的设计师啊？真看不出来，我还以为他是您的朋友呢，他真为您着想。

（三）赞美顾客的物品

顾客的交通工具、身上的物品、办公室的装潢等，往往是顾客身份的象征或是具有某些象征意义，适时地赞美它，能够很好地拉近与顾客之间的距离，让顾客有找到"知音"的感觉。

1. 赞美顾客的交通工具

在很多人看来，车子就是面子，是自己身份和地位的象征，特别是高端品牌的轿车，是成功人士的象征。作为销售员，及时发现顾客的座驾，并赞美它，能够很好地切入话题。

> **销售话术**
>
> 话术1：我看您开的是宝马呢，宝马车开起来是不是很舒服啊？开宝马这是我毕生的梦想啊。
> 话术2：我看您开的是新能源汽车，一看就是有社会责任感的人。（为什么这么说呢）新能源汽车清洁环保，有利于减少温室气体排放。

2. 赞美顾客身上的物品

顾客身上的物品，可以是顾客随身佩戴的装饰品，如手表、丝巾、领带、皮带、项链等；也可以是顾客临时拿在手上的东西，如水杯、饮料、刚买到的礼品等。

现代销售技术

> **销售话术**
>
> 话术1：看您买了那么多礼品，准备送人吗？
> 话术2：您的手表挺特别的，是瑞士的品牌吗？
> 话术3：您这条丝巾很特别，有特别的象征意义吗？
> 话术4：您也喜欢这个牌子的手袋啊，我也挺喜欢的，可惜有点贵。

3. 赞美顾客的办公室装潢

若销售员在顾客的办公室里会谈，对顾客办公室的装潢可以赞美一番，这样能够很好地引入话题，让顾客更轻松地与销售员交流。办公室装潢可以包括整体的装修布局、装修风格、陈列的物品等。办公室的陈列会展示顾客的兴趣爱好，甚至价值取向等。

> **销售话术**
>
> 话术1：您办公室的设计风格非常好看，是哪位设计大师设计的？
> 话术2：看您摆放的照片，您也喜欢足球吗？您支持哪个球队？
> 话术3：您也喜欢研究古董吗？这个景泰蓝的花瓶真的很好看。

（四）赞美顾客话语中透露的细节

从沟通的话语中找到值得赞美的地方，及时给予赞美，能够让顾客更愿意交流，听销售员的介绍。顾客话语中的细节可以包括，但不限于以下的内容，各位销售员在和顾客谈话中要善于挖掘顾客的"傲娇"之处，并给予及时的赞美。

1. 赞美顾客的工作

在交谈中，可以和顾客聊聊他的工作。工作可能是顾客赖以生存的一份职业，也可能是顾客的一份事业，无论是否热爱，都倾注了心血及大量时间，都希望自己的工作得到肯定。若你所赞美的顾客的工作，恰好是他所喜欢的，是一辈子追求的事业，那么顾客会很愿意谈谈他的工作的；若顾客的工作只是他赖以生存的一份职业，顾客也会喜欢和他人谈谈其中的无奈，倾诉心中的郁闷。

> **销售话术**
>
> 话术1：您原来是位老师啊，我一直最羡慕的职业就是老师了。
> 话术2：您原来也是做销售的啊，同道中人啊，希望您以后多多指导。
> 话术3：自己创业真是挺好的一项选择，若我有机会，也会这样做。

2. 赞美顾客的兴趣

每个人都会有自己独特的兴趣爱好，都希望和自己有相同兴趣爱好的人交流。所以，

第四章 顾客接触

销售员在交谈中，聊及顾客的兴趣爱好的时候，可以及时赞美顾客这个兴趣爱好。

销售话术

话术1：您也喜欢做瑜伽啊。我平时也喜欢去呢，周末有空吗？一起去做瑜伽怎样？
话术2：我早就猜到您是健身教练了，肌肉那么棒，果然被我猜中了。
话术3：打羽毛球的确是一种非常好的运动，林丹一直是我的偶像。

3. 赞美顾客的居住地或家乡

每个人最熟悉的莫过于自己居住的地方或者家乡，一聊起居住地或家乡总会勾起曾经的记忆，从而更希望聊下去。所以销售员在和顾客沟通的时候，可以和顾客聊聊他的居住地及家乡，并且给予认同及赞美。

销售话术

话术1：您原来住钻石湾啊，那不是一般人住的地方啊！
话术2：您原来是武汉人啊，武汉真是个好地方，我特别喜欢武汉的热干面。
话术3：您的小区在华侨城啊，那个地段真好，还是学区房呢。

4. 赞美顾客的经历

心理学表明，男士更喜欢聊自己的奋斗经历，如自己是如何一步步获得现在的成就的；女士更喜欢聊聊自己的情感经历，如自己是怎样认识自己的男朋友的。每个人的经历都会有值得回忆的地方，也有值得赞美的地方，抓住顾客比较难忘的经历，及时赞美顾客的坚强不屈、不折不挠、创业精神等，能够迅速获得顾客的欢心，从而使其更想和销售员分享。

销售话术

话术1：您的创业精神，真是太值得我学习了，有您这种精神，无论做哪一行都会成功的。
话术2：能够感受出您的男朋友一定很爱你，恭喜您找到了自己的幸福。
话术3：您那段艰难经历，我现在听起来都觉得苦不堪言，您当时是怎样挺过来的？

三、相似

吸引力法则表明，人们更容易被与自己有相似点的陌生人所吸引。当大家找到相似点的时候，往往更容易交流，说话更投机。因此，挖掘到顾客与销售员直接或间接的相似点非常重要。

（一）从"五同"找相似

"五同"指的是同事、同学、同乡、同龄、同好，销售员找到这些相似点，目的是找到

现代销售技术

一种比较亲切的关系，一个共同讨论的话题，从而让销售员与顾客的沟通更加顺畅。

1. 同事

同事，这是一种比较亲切的关系，大家曾经服务过同一家公司，有共同的话题，有共同的回忆。这里的同事关系范围可以更广泛一些，如销售员的某个朋友曾经与顾客是同事，或销售员曾经也在那个公司工作过，也算是同事关系。

销售话术

话术1：您也在××公司工作啊？我前几年也在那里上班呢。
话术2：真巧，我表哥在你们公司，他在市场部，叫×××，您认识吗？
话术3：我姑妈以前也是在××局的，和你们应该是同一栋楼吧？

2. 同学

同学也是一种比较亲切的关系，并不是要求销售员与顾客一定是一起读书的同学，也包括曾经的校友，曾经在同一所幼儿园、小学、初中、高中等学习过。或者销售员的某个朋友、亲戚，与顾客曾经在同一个学校毕业，又或是销售员与顾客都有孩子，在同一个学校上学或曾经在同一个学校上学。拉同学关系，目标是大家一聊起那个学校都充满着回忆，有共同的话题。

销售话术

话术1：您也是二中毕业的啊？您还记得吗，那个时候二中的校长是×××，对学生挺好的。
话术2：原来您的孩子也在××读幼儿园啊，我的孩子也在那里读大班。
话术3：您是××大学毕业的啊？我表弟也是在那里读的。我也很喜欢那个学校的环境，可惜我高考成绩太低了。

3. 同乡

这里说的同乡，可以是销售员和顾客都来自同一个地方，或者是曾经都在那个地方生活过，又或者自己的某个亲戚在那里生活过，销售员对那里非常了解和熟悉，甚至还会讲两句那里的方言。这样聊起天来会倍感亲切。

销售话术

话术1：您也是××人啊，我也是呢，您是哪一年到这里工作的？
话术2：××（地方），我太熟悉了，我刚毕业的时候，在那里工作过两年，那里的××可好吃了。
话术3：我舅舅原来就是在那里工作的，我去过那座城市两趟，给我的感受是在那生活的确太舒服了。

4. 同龄

同龄是指同一时代出生，不一定是同一年，可以相隔5～8年，因为同一个时代出生，所经历的事情比较相同，所玩过的东西比较接近，大家会有共同的回忆。

销售话术

话术1：您原来也是80后啊，我还以为您是90后呢，我们小的时候都喜欢玩玻璃弹珠，您也玩过吧？

话术2：那个年代，我家还特别穷，收音机是我家唯一的家电。（我记得我家有一台黑白电视）那个年代有黑白电视很了不起啦。

话术3：我看身边的90后、00后都在打××游戏，您喜欢打吗？

话术4：最近×××可火了，您有关注吗？

5. 同好

寻找到大家的相同爱好，才更有话题谈下去，甚至有相见恨晚，要马上相约的感觉。这非常容易与顾客形成朋友关系。

销售话术

话术1：看您身材那么好，平时做什么运动呢？（跑步）您也喜欢跑步啊，我每周都坚持跑10公里呢，您一般在哪跑？有空晚上一起跑步啊。

话术2：想不到您对木材挺有研究的啊。我卖了3年地板了，对木材也非常喜欢，但感觉对木材的了解也不如您，希望有机会多向您请教。

话术3：看您这套装备，您很喜欢听音乐？（是啊）我也喜欢听音乐，您喜欢听些什么类型的？（我喜欢听歌手×××的歌）我也是他的粉丝呢，最近他出了新专辑。

（二）从外貌、神态、语气找相似

从顾客的外貌、神态方面找到顾客与销售员的相似之处，或与销售员认识的人的相似之处，然后将该相似之处提出来，成为销售员与顾客讨论交流的话题。例如：很多男生搭讪女生常用的话术是"您很像我的一位朋友"或"您很像我的女朋友"。但由于大家使用较多，这句话早已变成被用烂了的搭讪用语。从心理学角度来看，人人都喜欢同性格、外貌、神态与自己比较接近的人交流，或对与自己长相相似的人感兴趣。

> **销售话术**
>
> 话术1：您长得很像我的一个同学，也是高高的，帅帅的，我刚刚差点就认错人了。
> 话术2：您说话口音很像我的一个哥们儿，很像××口音，您也是××人吗？
> 话术3：与您聊天感觉太像我的闺蜜了，她也是说话特逗，可开心了。

四、接触

通过前三个因素的铺垫，再进行"接触"效果更好。人的感情都是由接触而产生，接触越频繁，越容易产生感情，或至少会降低首次接触的陌生感，让销售员本人或他所销售的产品更加让人接受。所以，销售员为了建立顾客的信任，可以加强与顾客的接触。亲密接触可以分为两个层面，一是口头语言的接触，二是肢体语言的接触。

（一）口头语言的接触

作为门店的销售员，可以通过多种途径加强与顾客的口头语言的接触，如经常发微信、QQ、短信给顾客，打电话给顾客，邀请顾客来店里交流，这都是口头语言的接触。打第一次电话，发第一条微信、短信，顾客也许还会有点反感；第二次顾客会觉得可以接受；第三次顾客会觉得销售员的声音并不是那么难听；第四次顾客会觉得有点熟悉。这就是通过接触，由陌生到熟悉的过程。

（二）肢体语言的接触

从陌生到熟悉的过程，肢体语言能够起到催化剂的作用，会加速熟悉的进程，如自己与闺蜜关系的发展历程都是从陌生，到电话、微信沟通，到无所不谈，到约吃饭、拉手逛街购物，到共处一室。

销售员和顾客握握手，顾客会觉得很友好；在适当的时机，销售员碰碰顾客的肘部或轻拍顾客的肩膀，顾客会觉得销售员很亲切；开心时大家共喝一杯酒，顾客会觉得销售员够义气；悲伤时大家相拥而泣，顾客会觉得销售员是铁哥们儿。所以，销售员可以用这些肢体语言加速关系的发展。

> **销售话术**
>
> 当销售员在微信里聊了一个星期的顾客，终于应邀来到门店时，可以像很久没见面的老朋友，亲切地迎上去握握手。然后说声："聊了那么久，终于见到您真人了，好像我们曾经在哪里见过一样。"
>
> 当顾客和销售员聊了挺久，有心想买，但还有点犹豫的时候，销售员可以上去拍拍他的肩膀："这款产品您准不会买错的，您觉得不满意，随时可以回来退。我这个月就差这张订单就完成任务了，您当帮帮我吧。"
>
> 当顾客买完单准备离开的时候，销售员送上一个小礼物，可以和他握握手，甚至拥抱一下，说："希望您哪天有空路过的时候，再到店里坐坐，喝杯茶。"就像送别一个亲人一样。

第四章　顾客接触

▶ 内容结构思维导图

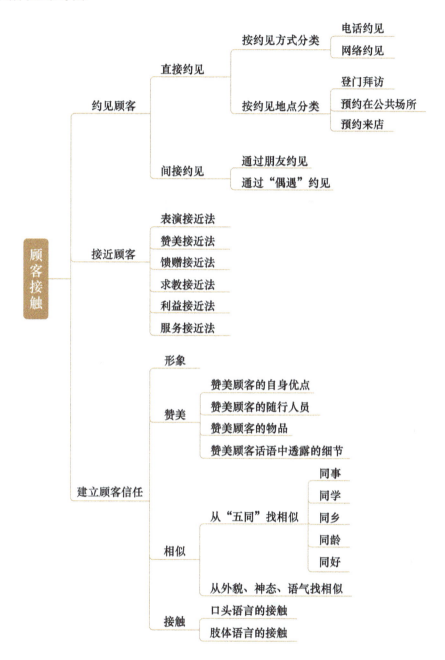

▶ 本章的重点和难点

- 顾客约见的方式和方法（电话约见、网络约见、登门拜访等）。
- 接近顾客的策略与技巧（表演接近法、赞美接近法、馈赠接近法、求教接近法、利益接近法、服务接近法等）。
- 建立顾客信任的影响因素（形象、赞美、相似、接触）。

单 元 案 例

接近顾客的若干种方法

情景一：

加德纳正准备把他的汽车开进库房。由于近来天气很冷，斜坡道上结了厚厚的一层冰，给行车带来了一定困难。这时候，一位过路人见势走过来帮助，他又是打手势又是指方向，在他的帮助下，汽车顺利地绕过了门柱。他凑过来问加德纳："你有拖绳吗?"加德纳回答说："没有。"然后加德纳又补充道："可能没有。不过，我一直想买一条，但总是没有时间。怎么啦？你的汽车坏了？"过路人回答说："不是的，我的车没有坏，但我可以给你提供一条尼龙拖绳。经试验，它的拉力是5吨。"这个过路人的问话即刻引起了加德纳的注意，并且使他意识到他确实需要一条拖绳。这个过路人采用这种方法销售了很多拖绳。

情景二：

一个销售各种进口食品罐头的销售员说："罗兰先生，我一直很欣赏你们的橱窗。橱窗的布置使你的超市看起来高档时尚。"听了这些话，罗兰先生洋洋得意地点头表示同意。用这样的方式开始销售谈话，销售员就很有可能使顾客对他销售的罐头食品感兴趣并且向他订货。

情景三：

销售员马修正想以老套话"我们又生产出一些新产品"来开始他的销售谈话，但他马上意识到这样是错误的。于是，他改口说："班尼斯特先生，如果一笔生意能为你节省125英镑，你会有兴趣吗？""我当然感兴趣了，你说吧！""今年秋天，香料和食品罐头的价格最起码要上涨20%。我已经算好今年你能出售多少香料和食品罐头，我告诉你……"然后他就把一些数据写了下来。多少年来，他对顾客的生意情况非常了解，这一次，他又得到了顾客很大一笔订货。

情景四：

在北方的农贸市场，有个卖削菜刀的小贩，边当众示范他的产品，边说起顺口溜来："心别慌，手别抖，跟着感觉往下走；往前推，往后拽，三下两下一棵菜；两块一个，三块两个。"他的表演很快吸引了很多人围观，更厉害的是，他还能根据不同的情况和场景说出不同的顺口溜。没过一会儿，他又开始唱开了："你拿回家去不用拿学费，大人不在家，小孩都会擦；它不擦手，不擦肉，拿回家去不上锈；它这三年五年用不够，十年八年拿出来吧，还是涛声依旧。"冲着他这么有才的表演，很多顾客都心甘情愿地掏钱买了削菜刀。

问题：

以上各情景中的销售员分别运用了哪种接近顾客的方法？

分析提示：

1．求教接近法 2．赞美接近法 3．利益接近法 4．表演接近法

单元自测题

1. 根据销售公式"销售额=接触顾客数×成交率×顾客单次销售额",本章重点讨论的是销售公式里的(　　)要素。
   A. 复购率 　　　　　　　　　B. 接触顾客数
   C. 成交率 　　　　　　　　　D. 客单值

2. 以下属于直接约见的有(　　)。
   A. 电话约见 　　　　　　　　B. 微信约见
   C. 在线平台留言 　　　　　　D. 通过朋友约见

3. 按照约见的地点划分,与顾客的约见又可以分为(　　)。
   A. 电话约见 　　　　　　　　B. 登门拜访
   C. 预约在公共场所 　　　　　D. 预约来店

4. 小李知道顾客王总周末经常会到附近的健身房健身,他也办了一张健身卡,通过健身见到王总,小李使用的方法是(　　)。
   A. 通过朋友约见 　　　　　　B. 通过"偶遇"约见
   C. 通过微信约见 　　　　　　D. 通过第三方约见

5. 快捷、便利、费用低、范围广,不仅可以非常容易地约见国内顾客,而且还为约见国外顾客提供了非常有效的途径。这种约见方式是(　　)。
   A. 电话约见 　　　　　　　　B. 网络约见
   C. 信函约见 　　　　　　　　D. 委托约见

6. 销售员利用各种戏剧性的表演活动引起顾客注意与兴趣,进而转入面谈的接近顾客的方法是(　　)。
   A. 表演接近法 　　　　　　　B. 介绍接近法
   C. 问题接近法 　　　　　　　D. 产品接近法

7. 小王在做街头调研的时候,先送顾客一把小扇子,再让顾客帮忙填写问卷,顾客更愿意帮他,小王使用的接近顾客的方法是(　　)。
   A. 表演接近法 　　　　　　　B. 赞美接近法
   C. 求教接近法 　　　　　　　D. 馈赠接近法
   E. 利益接近法

8. 销售员赞美顾客的时候,应该从(　　)去赞美。
   A. 顾客的自身优点 　　　　　B. 顾客的随行人员
   C. 顾客的物品 　　　　　　　D. 顾客话语中透露的细节

9. 影响顾客信任的因素有(　　)。
   A. 形象 　　　　　　　　　　B. 赞美
   C. 相似 　　　　　　　　　　D. 接触

10. 与顾客的接触可以分为（　　　　）。
    A. 口头语言的接触　　　　　　　　B. 肢体言语的接触
    C. 眼神的接触　　　　　　　　　　D. 非言语接触

单 元 实 训

易贝乐（E-Blocks）专注于非英语母语国家少儿英语启蒙教育。目前，易贝乐的服务范围包括：

（1）儿童英语水平等级测试（通过预约免费获得）。
（2）个性化课程设置，为每位学童量身定制课程。
（3）多种创新教学法，自由灵活的学习时间，高雅舒适的学习环境。
（4）中西文化小小俱乐部，让学童切身感受英语氛围。

假设你是易贝乐的电话销售专员，任务是通过"电话约见"开发新顾客。请你根据上述背景，设计一个对话情境，完成你的销售任务。

Chapter 5

第五章
销售洽谈

教学导航

❧ **知识目标**

◎ 理解销售洽谈的含义、目标、内容和原则
◎ 熟悉销售洽谈的主要技巧
◎ 熟悉销售洽谈的一般方法
◎ 掌握销售洽谈的重要方法

❧ **能力目标**

◎ 能阐述销售洽谈的内容和原则
◎ 能运用提问、答复和说服技巧进行销售洽谈
◎ 能举例说明销售洽谈中的提示法和演示法
◎ 能运用 FABE、QSSST、BPS、SPIN 等方法进行销售洽谈

现代销售技术

销售Smart汽车

2010年,奔驰公司正式向中国市场推出一款双座小汽车,车身娇小,名叫"Smart"。由于这款车小巧玲珑,颜色丰富,受到一部分消费者的喜爱;但市场上也有另一部分人对它表示抗拒,原因是这么小的汽车,看着就很不经撞,很担心它的安全性。

有一次,在奔驰汽车的某展厅里,销售员小李便很好地化解了这个疑虑。一位年轻的女顾客边摸着车身边说道:"你看,这车身好像都是用塑料做的,车的体积又这么小;万一在公路上发生碰撞,这车非翻跟头。"小李听完她的话,回答道:"小姐,您的顾虑我完全理解。不过这车确实挺结实的,不信,你看……"说着,他就打开车门,把车窗摇下,双手扶着车窗,就把整个人(小李体重近200斤)悬空起来,只见车门抖都没抖。他边示范还边说:"平时我们都是两个人一起坐在车门上,什么事也没有。"

看完他的示范,女顾客摇摇头,还是不太放心。忽然,小李又当众一脚向车子踢过去,发出"嘭"的一声巨响,顿时在场的人都惊呆了。有人就问:"小伙子,你就这样对待你们展厅的车呀?不怕你们经理把你解雇了?"小李不紧不慢地俯下身去,把刚才踢在车子上的脚印擦拭干净,然后再转向人群专业地回答道:"不怕,我一天踢好多次呢。试问,如果它连我一脚踢过去的力度都承受不了,又如何承受道路上其他汽车的撞击呢?"说完,大家恍然大悟,纷纷表示赞同。

接着,小李又进一步解释:"其实呀,车子是否安全,与它的材料和体积没有多大关系;重点在设计,设计是一个很重要的因素。而奔驰这款汽车的框架角度都是经过严谨计算的,而且经过无数次防撞力学的测试,保证现在的这个角度构成车身框架是牢固和结实的。"听完小李的话,刚才那位女顾客脸上渐渐露出了满意的笑容。

讨论:小李运用了何种销售洽谈策略?这样做有什么好处?

销售洽谈是销售过程中的重要环节,也是一个复杂的、具有丰富内容的、循序渐进的活动过程。从上述案例可以看出销售员具备丰富的洽谈技巧,通过演示证明的方法向顾客直观地展示产品,很好地解答了顾客心中的疑惑。因此,学习现代销售洽谈技术,有助于销售员借助不同的洽谈形式高效地完成销售工作。

第一节 销售洽谈概述

随着销售的不断发展,销售洽谈的方式和方法也在不断变化。人们可以利用一切沟通形式进行洽谈,除了传统意义的面对面洽谈外,还有电话、电子邮件、网络视频、社交软件等跨空间的洽谈和联系方式。销售员应在此过程中，充分了解顾客需求，按照一定的步骤和程序引导顾客，尽最大努力促成交易。

一、销售洽谈的内涵

（一）销售洽谈的含义

销售洽谈有广义和狭义之分。广义的销售洽谈泛指整个销售流程，包括洽谈准备、摸底、报价、磋商及成交等阶段，涉及寻找顾客需要、介绍产品信息、处理顾客异议、促使顾客购买等内容。狭义的销售洽谈仅指销售员向顾客介绍产品，或当面进行产品演示的过程。在此过程中，买卖双方为达成交易，维护各自利益，满足各自的需要，基于共同关注的问题进行沟通与磋商。显然，此处的销售洽谈为狭义的销售洽谈。

行家谈经验

销售员就是顾客的导师

2019年3月17日，是我们"3·15"活动的最后一天，我正在店里接待一位女士。经了解，我知道她很喜欢灰色系的地板，而且很有消费能力；于是，我给她推荐了我们的灰色系相思木地板。

首先，我给她讲解了木地板的好处，因为她说她妈妈年纪大了，也跟他们一起住，所以我着重讲解了木地板优良的缓冲力，以及对人体的健康保障。本来已经看中了一款，可是她又说，她朋友告诉她木地板容易变形而且还需要打蜡。于是，我就跟她说："确实在很多人的认识上觉得木地板有这两个缺点，那是因为他们并不了解木地板，认识还停留在十几年前。随着现在技术的进步，木地板早就不用打蜡了，平时也不需要特殊保养，用半干的拖布拖地就可以了。一看您也是很讲究的人，如果真的在意，我们公司有专门的地板保养油精，半年左右用油精拖一次地就可以了。油精每次不能用多，像您家的面积，一瓶至少可以用3年，而且使用非常方便。"她听了仍有点半信半疑。

我想了想，干脆直接拿出之前卖过的单子让她看，并且告诉她老师和行政人员都喜欢用木地板，还特意让她看了她所在小区的一个木地板单子。她看了之后又有点动心了，我就赶紧说："您就放心吧，用咱们品牌地板的都是老顾客，并且用过木地板的再装房子时还是选择木地板，别的根本不考虑。"她终于接受了我的建议，直接交了全款，我又送她一套礼盒，她很开心地走了。

通过这次的销售体验，我感觉到，顾客不能够下定决心购买产品，是因为她心里有疑惑，对产品不了解，仅有的知识也是道听途说。我们作为专业的销售员，就应该找到顾客的疑惑，真诚地为她解开心结，帮她选到合适的产品。

（二）销售洽谈的目标

在洽谈之初，销售员应该了解情况，把握顾客的真正需求；在洽谈过程中，销售员应向顾客说明产品，介绍情况，展示顾客利益；在洽谈尾段，销售员应努力诱发顾客的购买动机，有效促使顾客采取购买行动，促成交易。可见，在整个销售洽谈过程中，销售员以达成交易，售出产品为最终目标。为完成这一目标，销售员应把握顾客的真正需求，进行谈判时顾及顾客的切身利益，灵活运用各种洽谈技巧和策略。

二、销售洽谈的原则

销售洽谈实际上是一个沟通和寻找利益交叉点的过程。销售员都希望尽快实现销售洽谈目标，但这并不意味着销售员在销售洽谈过程中可以任意妄为，更不能为了满足顾客需求，不顾公司原则，随意夸下海口，调高或调低销售洽谈目标。因此，销售洽谈应坚持如下原则：

（一）针对性原则

针对性原则是指销售洽谈要服从销售目标，具有明确的针对性，做到有的放矢。一般来说，销售员应针对顾客的动机、特点、心理特征及敏感程度开展洽谈。例如，消费者购买动机包括求实、求廉、求新、求美、求异等，销售员应该以顾客需求动机为基础，进行有效的洽谈；又如，不同的顾客具有不同的个性、心理特征，有的内向，有的外向，有的随和，有的顽固，有的慎重，有的草率，有的冷淡，有的热情，销售员只有针对不同个性、心理特征的顾客采取不同的洽谈策略，才能取得实效。

> **同步案例**　投其所好：赢得一个良好的开局
>
> 专门销售建筑材料的销售员小李，一次听说一位建筑商需要一大批建筑材料，便前去谈生意，可很快被告知有人已捷足先登了。他还不死心，三番五次请求与建筑商见面。那位建筑商经不住纠缠，终于答应与他见一次面，但时间只有5分钟。小李在会见前就决定使用"投其所好"的策略。当他一走进办公室，立即被挂在墙上的一幅巨大的油画所吸引。他想建筑商一定喜欢绘画艺术，便试探着与建筑商谈起了当地的一次画展。果然一拍即合，建筑商兴致勃勃地与他谈论起来，竟谈了1小时之久。临离开时，建筑商允诺他承办的下一个工程的所有建筑材料都由小李的公司供应，并将小李亲自送出门外。
>
> **点评**：小李的成功在于对顾客个性、心理特征的捕捉，这里主要是指对顾客个人兴趣和爱好的洞察。投其所好，为洽谈赢得了一个良好的开局。

（二）参与性原则

参与性原则是指销售员设法鼓励和引导顾客积极参与洽谈，促进信息的双向沟通。首先，销售员应尽量消除顾客的心理防线，使顾客产生认同感和归属感，以提高销售效率。其次，销售员要主动引导顾客参与洽谈沟通，如请顾客提出和回答问题，让顾客试用销售品等。最后，销售员要让顾客发表意见，并认真倾听顾客讲话。这些活动都能使顾客参与销售活动，使顾客产生满意感，充分调动顾客的积极性和主动性，创造有利的洽谈气氛，提高销售洽谈的成功率。

第五章 销售洽谈

行家谈经验

让顾客为产品着迷

作为一名地板销售员,我很明白顾客什么时候才会愿意购买,那就是让他参与演示,让他为产品着迷的时候。

当顾客参与演示时,他会对拥有这件产品产生一种情感投入。这种投入会增加顾客对你的信任,扩展产品对顾客的价值,并增强顾客占有产品的欲望。

所以,我在销售地板的时候,会让顾客摸一摸,感受地板表面的油漆工艺及纹理;让顾客闻一闻,感受木材的香味;让顾客脱掉鞋子踩一踩,感受家里铺了地板后赤脚走在上面的舒适感。我在店里装了一个榻榻米样板间,直接让顾客坐在上面,甚至躺上去感受,然后观察顾客的反应。一般顾客的反应都是如此舒服和美妙,也让顾客联想到了他家里铺装完地板后的生活情景。

基本上,以上的动作完成后,顾客已经不再让我介绍地板了,而迫不及待地问价格,好像恨不得马上就要铺装到自己家里。

(三)鼓动性原则

鼓动性原则是指销售员应在洽谈中用自己的信心、热情和知识去感染、激励顾客,促使顾客采取购买行动。销售员应始终抱定成功的信念,相信自己的产品和服务,热爱自己的事业、自己销售的产品和自己的顾客。同时在销售洽谈中要表现出专家的风范,用广博的知识去说服和鼓动顾客,更要善于用具有感染力和鼓动性的语言去生动形象地传递信息,打动顾客的心。

行家谈经验

讲故事的销售员

有一次,一对夫妻来到店里,我根据他们的喜好和需求给他们推荐了最新的黑胡桃复合地板,我说这款颜色跟他们的家装风格搭配效果一定是最好的。夫妇二人对颜色也比较满意,但就是觉得价位太高了,他们认为复合地板不用这么贵。我立刻就带他们去看店里的黑胡桃实木木蜡油产品地板小样,然后给他们讲故事似的详细讲解黑胡桃这个木种的珍贵,以及地板表面木蜡油工艺。我说:"它是纯天然环保的野生原木地板,光标价就要2 000多。而您现在看的这款黑胡桃三层实木复合,有3毫米黑胡桃表层,又是APG天然大豆胶,胶水里面零甲醛,达到食用级别,所以,您完全可以放心。还有它的表面也是木蜡油工艺;它跟黑胡桃实木一样天然环保,价格还不到黑胡桃实木地板的四分之一,其实性价比是超高的。"

顾客听完后,拿起小样闻了闻,我笑着说这个只有木头的味道。顾客也跟着笑了,点头觉得这款地板确实很不错,马上就订购了。

（四）诚实性原则

诚实性原则是现代销售的一个基本准则，是指销售员在销售洽谈过程中切实对顾客负责，真心诚意与顾客进行洽谈，并如实向顾客传递销售信息。实际中应当做到以下几点：

（1）销售员在出示有关证明文件时，不能伪造证明欺骗顾客。

（2）销售员销售的样品或展品必须与企业产品完全一致。

（3）销售员在介绍产品时，尤其当顾客询问到产品的缺点时，要诚实守信，不能用假话欺骗顾客。甚至可以将产品的"缺点"当成它的"特点"，主动介绍给顾客，销售员的诚实，更能打动顾客。当然，这个"缺点"一定是要无关痛痒，不会影响顾客使用的；或者是顾客事前就知道，是这类产品的共同特性。

> **行家谈经验**
>
> ## 地板怕水
>
> 2020年3月上旬的一个上午，张先生来到我们的门店，进店接待之后，我们先询问他的需求、家里的装修风格、装修色彩搭配、需要安装木地板的位置等。
>
> 当我们问他："您铺装木地板的面积大概是多少平方米？"张先生说："4个卧室，客厅我打算用瓷砖。"我说："张先生，现在铺木地板的越来越多，客厅也铺木地板的话，整体效果会更好。"张先生说："木地板比瓷砖贵吧？装在客厅是否不耐磨？"
>
> 我又跟张先生解释道："家里来客人，肯定在客厅的人较多，耐磨的确很重要，但是咱们强化地板的表面是三氧化二铝金属涂层，每平方米为46克，耐磨转数达到6 000转以上，高于一些瓷砖的耐磨程度。您来看一下，现在我用钢丝球在地板上划，也不会留下一丝痕迹。而且木地板都是包安装的，强化地板相比瓷砖来说造价并不高，活动价一百多块钱，比瓷砖节省了沙子、水泥和镶砖工费，还减轻了楼房的承重力。最后，我要告诉您的是，地板是怕水的，但日常使用的时候，只要不是直接往上面倒水，都不会有问题的。"
>
> 张先生说："当然了，谁都不会往地板上倒水的，感谢您的诚实。我也逛了好几个地板品牌，别人家都是说他的多好多好，甚至还有些销售员说地板是防水的。我根本不相信。我和媳妇商量一下客厅也用木地板得了，过两天也让她来看一下。"周末，我们门店在搞活动，我邀请张先生来到现场。他和媳妇过来了，很快就在现场下单了。

（五）平等性原则

平等性原则是指销售员与顾客要在平等自愿的基础上互惠互利达成交易。贯彻平等互利的中心思想，就是要求销售员在销售活动中尊重顾客，不以势压人，不以强凌弱，不把自己的意志强加给顾客。同时，销售员应向顾客销售对顾客有用的产品，通过满足顾客的需要来谋求实现双方的共同利益。

这个原则同时也告诫销售员，不要以"顾客就是上帝"的思维，不设下限地去满足顾客的欲望，而不惜牺牲个人的身体健康、家庭幸福等。有原则、有尊严、懂得自爱的销售员往往更能与顾客建立长久的合作关系。

> **同步案例** 不同的选择，不同的结果
>
> 小王和小李都是同一家公司的销售员，小王聪明、灵活、鬼点子多，小李诚实、稳重、遵守原则。
>
> 小王相信"顾客就是上帝"，讨好顾客，满足顾客的任何需求，才能赢得订单。所以，他经常陪顾客玩乐，甚至会给顾客"好处费"。一年来小王的业绩一直领先。
>
> 小李相信"与顾客是平等的"，每个人都应该有自己的原则与尊严，所以，对于顾客的过分要求，都委婉拒绝了。例如，有一次和甲方采购经理洽谈到了凌晨，甲方采购经理提出去"足疗"，小李以回家整理合同为由婉拒了。第二天一早，甲方采购经理还没有回到办公室，小李就拿着合同文本在他的办公室门口等候了。小李对于顾客的服务从不含糊，甲方采购过程中涉及的每一项服务都做得很到位。
>
> 小李一年来的销售业绩在稳步提升，但与小王的高效率，快速签单，每月都能拿到销售冠军相比，小李的"效率有点低了"。小王往往很轻松就能够将合同签下来；小李却需要反复和顾客沟通洽谈，让顾客了解每条服务细节，每个产品功能，是不是符合顾客的需求，然后再整理成文本写在合同里或作为合同附件。
>
> 一年后，小王的一个顾客施工现场出现了严重的安装事故，小王给甲方采购经理"好处费"的事情被甲方公司识破。小王因犯"行贿罪"被公安机关立案调查，妻子也选择了与他离婚，因为一年来他几乎都是在陪顾客，没有照顾过家庭。小李虽然一年来签下的顾客订单没有小王的多，但是一直保持着零投诉，并且顾客满意度也是最高的。与他合作过的顾客也明白他的原则，也都喜欢继续与他保持合作。
>
> **点评**：人，生而平等，没有高低贵贱之分。作为销售员首先要有这种自信、自尊，不刻意去谄媚、讨好顾客，贿赂顾客，守住底线，才能守住幸福。

> **职业提示**
>
> 在社会主义市场经济的发展进程中，难免会有一些人误入歧途。一旦这些人成了"顾客"，即销售员口中的"上帝"，某些销售员为了讨好他们，满足他们的任何要求，往往也会跟着走偏。因此，作为一名称职的销售员，在工作中必须遵循社会主义核心价值观，遵守正确的工作原则，言行举止必须符合国家法律法规以及社会道德规范，这样才能真正成就自己的销售事业。

三、销售洽谈的内容

销售洽谈的关键在于洽谈的内容，销售员应就顾客关心的问题来确定洽谈内容，一般应该包括以下几个方面：

（一）产品自身

产品自身包括产品的规格、性能、款式、质量等，这是顾客最关心的内容，也是销售员做产品介绍时的重点内容。对于终端顾客来说，购买的目的就是要得到一定的使用价值，满足其生活和生产消费的需要。因此，销售员介绍和洽谈应以产品的适用性为重点。对中间商来说，销售员应着重介绍产品的市场前景。

其中，产品质量是影响顾客购买的重要因素。销售员应向顾客表明自己的产品符合同类产品的质量要求，并清楚说明是符合国家标准、行业标准还是地方标准。销售员介绍产品质量应具体、细致、通俗，并且要有重点。

（二）价格因素

价格是销售洽谈中最敏感的问题，因为它涉及买卖双方的利益。不同的顾客对产品价格有不同的理解，销售员应认识到产品价格并非越低越好。顾客对价格有时斤斤计较，有时又不十分敏感，这主要取决于顾客需求的迫切程度、需求层次、支付能力和消费心理等。

在价格洽谈中，销售员应灵活运用各种洽谈和应对策略与顾客讨价还价。例如：对价格比较敏感的顾客，销售员可根据情况适当降价，或提供性价比更高的代替品供顾客选择；而对于价格不太敏感的顾客，销售员可以适当提高价格，同时完善相关的维修保养、售后服务等，让顾客有物超所值的感觉。

（三）服务承诺

服务是销售中不可或缺的一个重要环节。销售员要将自己公司所承诺的服务范围准确、真实地传递给顾客，告知顾客彼此之间的权责范围，以免发生不必要的麻烦。销售服务承诺一般包括：送货时间、送货方式、送货地点、运输方式等的承诺；提供零配件、工具、维修及技术咨询和培训服务等的承诺；兑现保修期限中的免费安装、维修、退换、养护、保养等方面的承诺等。

（四）付款结算

在洽谈方案中，结算问题都必须先明确，包括结算的方式和时间。双方应本着互利互惠、互相谅解、讲求信誉的原则进行协商。洽谈中要确定的主要内容是：采用现款、在线转账、微信/支付宝支付，还是采用传统的本票、汇票、支票方式支付；是一次付清、延期一次付清，还是分期付清；每次付款的时间和数额；在付款时间方面，是提前预付，还是货到即付或其他方式。

（五）其他

除以上要点外，销售员还可以根据实际情况与顾客确定其他产品交易的内容，如约束保证条款、买卖合同细则、特殊储运服务、产品保险服务等。总之，根据交易产品和顾客的需求，就顾客关心的问题洽谈清楚即可。

第二节　销售洽谈的策略

销售洽谈的技巧和策略有很多，主要的洽谈技巧包括提问技巧、答复技巧和说服技巧等；主要的销售洽谈策略包括FABE演示法、QSSST标准设定法、BPS痛苦放大法、SPIN提问法等。销售员应根据实际情况，合理灵活地运用各种销售洽谈的方法，更快、更好地达到预定目标。

一、销售洽谈的主要技巧

（一）提问技巧

提问是引导顾客按照销售员的销售步骤逐步推进的有效方法，作为一名销售员要懂得提问的技巧，还要懂得如何提问。很多销售员基本都是想到哪里聊到哪里，没有逻辑，没有目的。要想高效成交，就要求销售员，问问题要问到点子上，并且要遵循一定的逻辑关系，环环相扣，真正挖掘顾客的需求，引导顾客购买。

提问时应做到：①提出的问题范围界限清楚，使顾客的回答能有具体内容；②提问能促进洽谈成功的关键性问题；③切忌提出令人难堪、不快甚至有敌意的问题；④提问时态度要谦和友好，用词要恰当、婉转；⑤注意提问时机，不要随意打断顾客的讲话，应耐心倾听完毕再提问。

> **销售小知识**
>
> **7W1H提问原则**
>
> 销售员在做产品介绍前必问的问题可分为以下8个，也简称为7W1H提问原则。7W分别是What、Which、Why、Where、Who、Whether、When；1H指的是How。
>
> **1. What：想要什么、什么风格/类型/颜色**
>
> 销售员首先要问顾客想要什么，销售员可提供的产品种类很多，顾客的需求也很多样，对购买产品侧重的功能也千差万别。问这个问题的目的是：缩小产品的推介范围。话术如下：
>
> ➢ 销售员：王先生，您想看实木还是实木复合地板呢？
> ➢ 回答1：看看实木吧。
> ➢ 回答2：还没想好呢，您帮忙介绍一下吧。
>
> 从顾客的回答里，销售员进一步去判断及引导顾客的需求。若顾客的回答是比较明确的，如回答××品类，说明这个顾客已经做了准备，对产品有了解。接下来销售员应该进入第二问，更深入地挖掘顾客的需求。若顾客的回答是"还没有看好呢"，则进入第四问，了解顾客想购买的产品风格类型，然后再推相应的产品。

2. Which：具体哪一款

在上一个问题中，顾客的回答是比较肯定的，一定要追问他具体喜欢哪一款，或曾经在哪里看过什么品牌的哪款产品是比较喜欢的。然后我们再推相应的产品，以满足顾客的需求。问这个问题的目的是：为顾客推荐类似的产品。话术如下：

- 顾客1：看看实木吧。
- 销售员：有特别喜欢的木种吗？
- 顾客1：我觉得二翅豆挺不错。
- 销售员：您太有眼光了，二翅豆的确挺好的。
- 顾客2：还没想好呢，您帮忙介绍一下吧。

若顾客明确说明喜欢哪个型号，则直接进入第三问。若顾客回答还没有想好，则直接进入第四问。

3. Why：为什么喜欢

对于顾客有明确的选择需求的，一定要继续追问顾客为什么喜欢这款产品，以更好地了解顾客的内心所想。问这个问题的目的是挖掘顾客更深层次的需求。话术如下：

- 销售员：您为什么喜欢这款呢？
- 顾客1：我看它这种颜色很适合我。（意味着顾客更关注的是颜色，若推荐颜色相似的其他型号，甚至其他品类，顾客也可能会喜欢）
- 顾客2：因为二翅豆是实木，没有胶水，环保啊。（这种顾客更注重环保，所以推荐环保的产品更适合他）
- 顾客3：我觉得它的价格比较适合我。（这种顾客对价格比较敏感，想买实木，又想价格实惠）

对于顾客不同的回答，销售员要能够判断顾客的消费偏好，从而更好地向他推荐产品。还可以根据顾客的回答，有针对性地介绍这款产品对应的卖点，让顾客更加喜欢这款产品。

4. Where：用在哪

问"用在哪里"这个问题是为了明确产品的使用环境，明确产品的使用环境后，我们推荐起来会更加有针对性。例如：铺装在家里的地板和铺装在商业场所的地板选择就不一样；铺装在客厅和铺装在卧室也有区别。

5. Who：谁使用

若是个人使用的产品，则要明确"谁使用"的问题。有时候产品的购买者及使用者是分离的，买给自己使用的产品，更加关注产品的实用性；若是买来送朋友的，则更加关注外观是否上档次。

第四和第五问往往连在一起使用，话术如下：

- 销售员：您想买这款二翅豆铺装在哪里？
- 顾客1：铺房间/全屋铺。（家用）

> 销售员：这款二翅豆铺在家里挺好看的，具有居木养生的效果呢。
> 顾客2：铺在我们公司会所大堂的。（商用）
> 销售员：若是铺装在人流量比较大的商业场合的话，我建议您买另外一款更好保养一些。（转介绍强化地板）

6．Whether：是否有特殊需求

这是为了挖掘顾客更深层次的需求。特殊需求是指超出产品正常使用环境、使用方法等的需求。例如：在超低温环境下使用的冰箱，用来洗红薯的洗衣机，铺装作电视背景墙的木地板等。

不同的使用环境需求，要对应相应的产品及相应的铺装工艺，若无法实现则要告诉顾客，若需要加收费用，也要提前告知顾客。话术如下：

> 销售员：您对地板有什么特殊功能需求吗？比如：装地热、异形安装等。
> 顾客1：对，需要装地热。
> 销售员：那我一会儿为您介绍一下地热专用实木地板。
> 顾客2：没什么特殊需求。
> 销售员：好的。没关系，若到时想到了也可以再告诉我。

7．When：什么时候要

问这个问题是为了确定库存能否满足交货；若是定制品，交期是否符合顾客需要；若自己的库存数量不多，在工厂订货再送是否能来得及等。若是顾客非常急用，一定推自己库存里有充足货源的产品。若顾客不急，销售员的推荐范围可以扩大到任何产品，甚至为顾客私人定制一款产品都可以，前提是顾客愿意花钱。话术如下：

> 销售员：您家装修到哪一步了，大概什么时候要装地板呢？
> 顾客1：刚交钥匙，还不急。
> 销售员：您应该早点定下来，因为有些地板比较稀缺，有些型号甚至要提前60天订货才会有货的。
> 顾客2：木工已经进场了。
> 销售员：那时间很赶啦，您要尽快下单才行啊。

8．How：要多少

销售员问顾客要多少是为了明确推荐产品的折扣。若购买的数量多，可以给到更优惠的价格，在谈价格的环节可以给予更多的让步，薄利多销；若购买的数量不多，则给到的折扣优惠可以少一些。话术如下：

情景一

> 销售员：铺装面积多大呢？
> 顾客：就三个房间，大概40平方米吧。
> 销售员：我觉得这款更适合您。（转介绍常规规格或小规格的地板，一是因为顾客的房子面积小，其购买力应该也有限，小规格地板更实惠；二是房子小，铺小规格的地板更好看。）

> 顾客：这个价格还能优惠吗？
> 销售员：这已经是我们最优惠的价格了。（面积小，给予的优惠有限。）

情景二
> 销售员：铺装面积多大呢？
> 顾客2：三层楼都铺，大概400平方米吧。
> 销售员：我觉得这款更适合您。（转介绍常规规格或加宽规格的地板，一是因为顾客房子面积大，其购买力也比较强，大规格的地板价格更高也能接受；二是铺装的地方大，大规格地板铺装起来更大气）
> 顾客2：这个价格还能优惠吗？
> 销售员：这已经是我们最优惠的价格了，但您是我们的VIP顾客，我可以打电话问问老板帮您申请一下。（面积大，给予更多的优惠）

（二）答复技巧

在销售洽谈中，销售员对于顾客提出的问题，首先应该坚持诚实的原则，给予客观真实的回答，赢得顾客的好感和信任。另外，还可以适当使用以下技巧：

（1）不要彻底回答所提问题。在接触伊始，顾客可能会问产品的价格，如果这时销售员完整回答了价格问题，顾客可能会对产品失去兴趣。

销售话术

话术1：我相信我们产品的价格会让您满意的，请先让我把产品的性能说一下好吗？我相信您会对我们产品的功能感兴趣。（先谈价值，再谈价格）

话术2：看得出来您挺喜欢这款产品的，您觉得它的哪些方面是最吸引您的呢？（转移话题，谈论顾客的需求）

话术3：您太有眼光了，看中的这款是我们这里的销售爆款，您知道这款为什么能够卖得那么好吗？（从赞美转移到产品介绍）

（2）不要确切回答顾客的提问。回答之前要经过充分的思考，避免出错，掌握主动。

（三）说服技巧

销售员与顾客的双方需求和洽谈结果有着密不可分的联系，伺机传递信息给顾客，影响顾客的意见，进而可影响洽谈的结果。在洽谈开始时，大家应先讨论容易解决的问题，然后再讨论容易引起争论的问题；如果把正在争论的问题和已经解决的问题连成一气，就有希望达成协议。

在说服对方时，强调双方处境的相同，要比强调彼此处境的差异更能使顾客了解和接受；强调买卖合同中有利于顾客的条款，能比较容易地使顾客在合同上签字；说出一个问题的两个方面，比仅仅说出一方面更能使顾客信服；与其让顾客做结论，不如先由自己清楚地陈述出来。

二、销售洽谈的一般方法

（一）提示法

提示法是一种"说"的方法，是指销售员在销售洽谈中利用语言的形式启发、诱导顾客购买产品的方法。根据提示方式的不同，提示法又可细分为以下几种：

1. 直接提示法

直接提示法是指销售员直接向顾客呈现销售品的利益，劝说顾客购买销售品的洽谈方法，是一种被广泛运用的提示法。这种方法的特征是：销售员接近顾客后立即向顾客介绍产品，陈述产品的优点与特征，然后建议顾客购买。这种方法简单明快，节省时间，洽谈速度快，符合现代人的生活节奏，很具优越性。

> **行家谈经验**
>
> **抓住产品的重要卖点**
>
> 2018年6月，门店做大型活动时，我接待了一对60多岁的老年夫妇。在了解其基本需求后，我给他们推荐了锦橡添花这款地板。刚开始他们嫌地板有点贵，更喜欢另一个品牌的产品。我就着重讲了一下这款地板独有的模压槽口，以及这种槽口能给他们带来什么样的好处，并解释了和竞争对手产品的不同点在哪里。最后他们还是预约了我们的活动。
>
> 有时一个产品的卖点有很多，我们要注意观察顾客的关注点在哪里，并找出与别的品牌的不同点，着重讲解，而不是胡子眉毛一把抓，滔滔不绝地讲产品知识。

2. 间接提示法

间接提示法是指销售员间接地劝说顾客购买产品的洽谈方法。这种方法可以有效地排除面谈压力，避重就轻，制造有利的面谈气氛。使用该方法的好处在于可以避免讨论一些不太好直接提出的动机与原因，因而可以使顾客感到轻松、合理，从而容易接受销售员的购买建议。

> **销售话术**
>
> **情景一**
>
> 顾客：我不太确定是买普通强化地板，还是买你们的零醛智造。
>
> 销售员：这的确是一个困难的选择。不过家里有孩子的顾客来我这里都是买的零醛智造。
> （因为前面和顾客沟通的时候知道他家里有孩子）
>
> **情景二**
>
> 顾客：这款灰色系列地板的确很特别，不知道与我们家的风格搭不搭。
>
> 销售员：灰色系列地板色彩都是百搭的，表面工艺设计感非常强烈，很多年轻人家里装修都指定要使用这个系列，并且装修效果都非常好，您看看这些我们在顾客家拍的照片。（没有直接告诉他应该选择哪种）

3. 明星提示法

明星提示法是指销售员利用顾客对名人的崇拜心理，借助名人的声望来说服顾客购买产品的洽谈方法。该方法迎合了人们求名的情感购买动机，充分利用名人、名家、名厂的声望，消除顾客的疑虑，使销售员和产品在顾客的心目中产生明星效应，销售效果比较理想。

> **销售话术**
>
> 话术1：我给您看几张照片吧。这个领导您应该认识吧？这是我们的市长，他家就是用我们的地板，若我们的产品质量不过硬，这些领导会选择吗？
>
> 话术2：这个顾客是一个医学博士，他买地板的时候非常谨慎，还拿去给第三方机构检测过，检测结果是甲醛释放量趋向于零，他才买的。所以，这款产品的环保性，您绝对可以放心。

4. 鼓动提示法

鼓动提示法是指销售员通过传递销售信心、刺激顾客购买欲望的方式迫使顾客立即采取购买行为的洽谈方法。例如，"今天是优惠期的最后一天""只剩这最后一批产品了"，等等。使用这种方法时要注意：①要有针对性地采取这种提示策略，避免大范围地使用，否则会给顾客留下虚伪的印象。②所传递的信息必须是真实准确的。③采用这种策略时应考虑顾客的个性，一般情况下对个性较强、偏内向、沉稳的顾客不宜采用。

> **销售话术**
>
> 话术1：现在下单买3平方米送1平方米，只限今天，只限在直播间下单，物超所值，错过了今天，再等10年。
>
> 话术2：不要99，也不要59，今天在活动现场，只要9.9元秒杀价，还在等什么，只要9.9元，限量1 000件，秒完即止。……还有最后10件，最后10件，错过了，就不再有，不要犹豫，马上行动……

5. 积极提示法

积极提示法是指销售员用积极的语言或方式，如正面提示、热情的语言、赞美等，劝说顾客购买所销售产品的方法。在运用此方法时，可先与顾客一起讨论，再给予正面的、肯定的答复，从而克服普通语言过于平淡的缺陷。

> **销售话术**
>
> 旅游销售员："欢迎参加我们社的旅游团，既安全又实惠，所看景点又多又好，全程无购物点，狂野玩转3天。"
>
> 头盔销售员："你看，这是摩托车手参加比赛的照片，小伙子们多神气！他们戴的就是我们公司生产的头盔。"

6. 联想提示法

联想提示法是指销售员通过提示事实，描述某些情景，使顾客产生某种联想，刺激顾客购买欲望的洽谈方法。它要求销售员善于运用语言的艺术去表达、描绘，避免刻板、教条的语言，也不能采用过分夸张、华丽的辞藻。这样提示的语言方能打动顾客、感染顾客，让顾客觉得可信。

（二）演示法

演示法是一种"做"的方法，是指销售员运用非语言的形式，通过实际操作销售产品或辅助物品或服务，如让顾客通过视觉、听觉、味觉、嗅觉和触觉直接感受产品信息，最终促使顾客购买产品的方法。演示法主要有以下几种：

1. 产品演示法

产品演示法是指销售员通过直接演示产品本身来劝说顾客购买的洽谈方法。销售员通过对产品的现场展示、操作表演等方式，把产品的性能、特色、优点表现出来，使顾客对产品有直观的了解。运用该方法应注意以下几点：①根据产品的特点选择演示的内容、方法、时间、地点等；②注意演示的步骤与艺术，最好是边演示边讲解，并注意演示的气氛与情景效应；③鼓动顾客一块参与，使顾客亲身体验产品的优点，从而产生认同感与占有欲望。

行家谈经验

演示很重要

有一个住在旧城山的顾客李先生，第一次到店里来看地板，我带他看了实木区、多层区和强化区。前面区域的很多款产品他都没看上，最后我看他的眼睛盯上一款零醛产品，并快步走到这款地板跟前。我马上调好显微镜让他看板子的三氧化二铝，并把酒精洒在地板上做一系列防火实验演示，再用专业的产品知识给他讲解，让他加深记忆，并在他面前把其他品牌的产品和我们的产品做现场比对，最终说服了这个顾客。在签单过程中，我们特别愉快，他盛赞我的产品演示做得好。

2. 文字、图片演示法

文字、图片演示法是指销售员通过展示有关产品的文字、图片、图表等资料来劝说顾客购买的洽谈方法。在不能或不便直接展示产品的情况下，销售员通过向顾客展示产品的图文资料，能更加生动形象、真实可靠地向顾客介绍产品。例如，一些产品的工作原理、数据、价目表等，通过文字、图片可以做到动静结合、图文并茂，从而收到良好的销售效果。

同步案例　小王的神秘文件夹

销售员小王在门店跟进顾客的时候，胳膊下面都会夹着一个大大的文件夹，里面的东西，他称作"宝贝"。每次和顾客洽谈的时候，他都会展示出来。

当顾客在质疑他的地板是否环保的时候，他从文件夹里抽出了一张检测证书原件，说："您看，这是我们这款产品的环保检验证书，通过了美国CARB-P2认证，甲醛释放量趋向于零。"

当顾客说这款新中式风格不知道是否好看的时候，他又从文件夹里抽出几张新中式风格的铺装实景图，说："这是钻石湾王阿姨家的铺装效果，她选择的地板也是这款，铺的新中式的效果，您觉得好看不？"

点评：书面的证明材料，比销售员的任何华丽的说辞都管用，更能打动顾客。

3. 音响、视频演示法

音响、视频演示法是指销售员利用录音、视频等现代工具进行演示，来劝说顾客购买的洽谈方法。这种方法具有很强的说服力和感染力，是一种非常有效的演示法，可以使顾客有身临其境的感觉。

同步案例　对比视频说服顾客

地板销售员小李的手机里存有各种各样的演示视频，其他销售员都不理解他为什么要存那么多视频在手机里占用内存空间。可他说，这是他的秘密武器。

当顾客说："只铺三个房间，客厅铺瓷砖。"小李会给顾客看一条小孩子学走路的视频，视频里一个刚学走路的孩子，赤脚从房间走到客厅，房间里铺的是地板，孩子走得很舒服，脸上都是笑容；孩子走到客厅的瓷砖地面上的时候，踮起脚尖走，脸上露出了难受的表情。顾客看完这条视频后，不用小李多说什么，就决定了全屋铺木地板。

点评：销售员的话语也许顾客不太相信，但视频可以让顾客迅速切入家居生活的真实情景，更容易促使顾客做出选择。

4. 证明演示法

证明演示法是指销售员通过演示有关的证明资料或进行破坏性的表演，来劝说顾客购买的洽谈方法。这是现代销售洽谈经常用到的方法之一，销售员在运用中应注意：①准备很充分的证明资料，且证明资料必须真实可靠；②选择恰当的时机和方法进行证明演示，令人信服；③除证明资料外，销售员还可通过现场实验演示的方法证明产品的某些性能和优点。

三、销售洽谈的重要方法

前文提到顾客购买的主要原因有两个，一是信任，二是价值。信任在刚接触时及提问中建立；价值则在展示产品时塑造。以下介绍四种突出产品价值点、解决顾客痛点的销售洽谈技巧。

（一）FABE演示法

FABE由四个英语单词的首字母组成，分别是特性（Feature）、优势（Advantage）、利益（Benefit）、证据（Evidence），是指销售员在介绍产品时，可按照这四个词的逻辑顺序进行介绍，首先讲解所销售产品的特性、特点；然后讲由于具有前面的特性，产品所具备的优势；接着讲由于有这个优势，产品能给顾客带来何种利益；最后以证据证明以上所说的特性、优势、利益是真实存在的、正确的。可见，这是能非常巧妙地处理顾客关心的问题，特别是利益问题的一种典型的销售方法。

FABE演示法

> **销售话术**
>
> F：这件衣服是灰色系的，属于中性色，也叫百搭色。
> A：意味着可以与不同颜色的裤子、裙子、丝巾等进行搭配。
> B：一件衣服，可以让您搭配出不同的风格与效果，出席不同的场合。
> E：您看这几张模特照片，都是不同场合的搭配效果，是不是都挺好看呢？

该方法的适用情景：

（1）产品的卖点比较突出，最好是其特有的。
（2）卖点价值点突出，并且容易被证明。
（3）时间比较充裕，可以充分展开详细介绍。

> **同步实训　FABE演示法的应用**
>
> 以组为单位，派一名组员作为代表，选择一件自己熟悉的随身物品作为销售产品，归纳总结出该产品的三个主要特点，运用FABE演示法进行模拟销售。演示前可先把以下FABE表格（表5-1）填写完整。

表5-1　FABE表格

特性	优势	利益	证据

（二）QSSST标准设定法

QSSST标准设定法是指先以"提问（Question）"引入话题，吸引顾客兴趣；然后引出好产品"标准（Standard）"；通过讲"故事（Story）"引起顾客的共鸣。这三步都是在为顾客考虑问题，然后再讲"产品卖点（Selling Point）"为顾客解决问题，让顾客明白销售员推荐的产品才是最适合他的，最后再给予顾客"力证（Testimony）"，说明购买这个品牌的产品才是正确的选择。

> **销售话术**
>
> Q：您知道同样木种的实木地板，好的地板和差的地板有哪些区别吗？
> S：好的地板一定是来自原始森林，上百年的野生原木砍伐加工而成的。
> S：5年前我家装修的时候，我还没有卖地板，当时我爸妈就买了一个小品牌的实木地板，最近我拖地的时候，发现好几处地板都坏了，我撬起一块，觉得木质纤维特别软，用手一撕，居然像纸一样撕开了。后来了解发现，原来我家地板是速生林的木材加工的，木质纤维很松，密度很低，一般就只有5~10年的使用寿命。
> S：我卖N品牌地板的时候才知道，原来N品牌的实木地板都是野生原木做的，野生原木由于经过了数十年甚至上百年的生长，它的密度比较高，使用寿命在20年以上。
> T：您拿起这块板试试，是不是挺重的呢？您再用指甲抠一下，木质纤维是不是挺硬的呢？旁边这款是速生林木材做的地板，您也试试，是不是我们野生原木地板更好呢？

该方法的适用情景：
（1）对于单个核心卖点的讲解。
（2）针对理解能力差的顾客，可以有效引导消费者并让消费者听得懂、记得住，认可销售的品牌。

> **销售小知识**
>
> ❧ 对QSSST的深层理解 ❧
>
> **1. 提问**
>
> 沟通的关键在于善于提问，恰当的提问有以下好处：
> （1）创造与顾客交流的机会。
> （2）引起顾客的兴趣。
> （3）引导顾客往特定方向思考。
>
> **2. 标准树立**
>
> 此处的"标准"，不是企业品牌的标准，而是整个行业的标准。它可以是客观存在的标准，也可以是主观提出的标准。树立标准的目的在于影响顾客的观

点，为强化卖点设置铺垫。一旦标准灌入顾客的脑海里，那么顾客将用这样的标准去衡量其他品牌，从而影响顾客的选择。

3. 故事共鸣

顾客对专业知识的接受有限，但如果有可以引起共鸣的相同经历，顾客会更容易接受之前树立的标准。最好的故事是亲身经历的，销售员在描述的时候更有底气、更生动、更能打动顾客的心。在故事呈现的过程中，可使用BPS痛苦放大法，语音语调要有所变化，重点突出。

4. 卖点呈现

通过前面三个步骤的讲解，销售员丝毫没有提到销售产品的卖点，一直讲的是行业标准，让顾客感觉销售员是在帮他考虑问题，介绍这个行业的情况，选择更适合自己的产品，而不是在销售产品。在这一步，才将销售产品的卖点有针对性地呈现出来，通过一步步的铺垫，最后让顾客明白，销售员推荐的产品才是最适合顾客的产品。

5. 力证

前面已经在顾客脑海中树立了标准，并刻画了销售产品的卖点，最后要让顾客深信不疑，就需要有力证。可以使用证书、通过道具演练，也可以使用动作、老顾客见证，通过这些方式，为顾客印证前面提到的标准。

（三）BPS痛苦放大法

BPS痛苦放大法是指在和顾客沟通的时候，先引入"生活场景Background"引起顾客对销售员所讲内容的关注，再深入挖掘在此生活场景中的"痛点Pain"，并理解顾客的痛苦感受，最后为顾客提供"解决方案Solution"，突出产品的卖点，解决顾客的痛点。

销售话术

生活场景B：您有没有发现有些家庭装了实木地板后，每天在家里走路都小心翼翼地？生怕地板被刮花，产生划痕、凹槽等。

挖掘痛点P：的确，一般的实木地板都是比较娇贵的，由于速生木材做的地板木质纤维比较松软，加上漆面技术不好，用不了几年就会有各种划痕，甚至掉漆，非常难看。

解决方案S：所以，在选择铺装实木地板的时候，一定要选择来自原始森林的野生原木加工而成的地板，如N品牌的地板，它的密度就比速生林的高，加上采用了8底3面的油漆技术，其中有一道弹性底漆，让地板耐刮能力、抗冲击能力更强，比一般的实木地板更容易保养、更耐用。

该方法的适用情景：

（1）该卖点能在具体的生活场景中展现。

（2）该卖点能解决顾客生活中的突出痛点。

（3）针对那些观念比较固化，比较难说服的顾客，通过放大其痛点，能够潜移默化地引导消费者观念的转变及认同。

（四）SPIN提问法

SPIN提问法是指销售员通过对顾客进行递进式的提问，让顾客自己意识到对所销售产品产生需求的一种方法。提问的顺序为：首先进行"状况性提问Situation"，了解顾客现在的产品使用情况；然后进行"问题性提问Problem"，询问顾客现有产品的缺点或劣势，令顾客对现有产品产生怀疑；接着是"暗示性提问Implication"，询问顾客由于现有产品的缺点所带来的不良后果，针对顾客的抱怨和不满，暗示其不解决会带来的隐患；最后是"需求确认Need"，鼓励顾客更换新产品，将顾客的隐含需求转化成明显的购买欲望。

SPIN提问法

该方法的适用情景：

（1）顾客已在使用同类型的产品。

（2）顾客不清楚或不了解自己的需求。

销售话术

状况性提问：今年的冬天比往年冷得多，您往年一般穿什么衣服御寒呢？
　　　　　　毛衣。

问题性提问：今年感觉特别冷，只穿毛衣行吗？
　　　　　　是啊，我也担心这个问题。

暗示性提问：前段时间很多人由于天气突然变冷，没有准备厚衣服而感冒了。你呢？
　　　　　　是的，我也感冒了。

需求确认：看来准备一套厚衣服确实必要。
　　　　　对的，我正想去棉衣店买一件。

通过上述话术可知，面对销售员提的问题，只有当顾客回答"是的""是啊""对的"的时候，SPIN提问法才能顺理成章地继续往下进行；否则，问到一半就问不下去了。因此，要想让顾客按照销售员设定的"套路"做出肯定回答，提出的问题必须是客观真实的。如何保证销售员提出的问题都能客观真实呢？这就要求销售员提前做好调研和数据收集，先了解顾客的需求现状和痛点，准确地问到顾客的痛点上去。

同步案例　如何让顾客说"是"

工业产品销售员小张向某工厂销售发动机,在试用完毕后,该工厂的总工程师对小张说:"你们的发动机发热度过高,工人无法触碰。我们还是不要了。"以下是小张与总工程师的对话:

"您是因为怕工人会被我们的发动机烫伤,所以才不买的,对吗?""是的。"

就这样,小张得到了一连串问题中的第一个"是"。

"据我所知,行业规定的发动机温度,在室内是不是可以比室温高32℃呢?"

"是的。但你们的发动机却比室温高很多。"

"那你们工厂的温度是多少呢?""将近40℃吧。"

"工厂温度40℃,加上行业规定温度32℃,一共是72℃。如果用手触碰72℃的高温,是不是会被烫伤呢?"他不得不说:"是的"。

"其实,在工厂实际生产中,是很少有工人会故意触碰发动机的,因为即便工人们触碰到符合行业规定的发动机(温度72℃)同样会被烫伤;因此,我们在实际生产中应该提醒工人们注意发动机温度,避免烫伤。你说对吗?"

"的确,你说得很有道理。"

"因此,发动机温度不应该作为影响您是否购买的决定因素,希望您再考虑一下。"

最后,总工程师还是购买了小张公司的发动机。

点评:从上述对话中可以看出,顾客对所有问题都只能回答"是"的原因是销售员问的所有问题都是客观事实,顾客不得不说"是";销售员要做到这样,首先要对顾客做好充分的调查,如案例中"符合行业规定"的发动机温度是多少。全方位的顾客调查,是保证SPIN提问法顺利使用的前提。

同步实训　SPIN提问法的应用

假设你是中国电信网络光纤套餐(1 000兆)的推广经理,正向某酒店推广该套餐。已知目前该酒店使用的是100兆的宽带套餐。请你运用SPIN提问法进行模拟销售,并在表5-2中填写向该酒店经理提问的三个问题。

表5-2　SPIN提问法下的三个问题

状况性提问	
问题性提问	
暗示性提问	

现代销售技术

▶ 内容结构思维导图

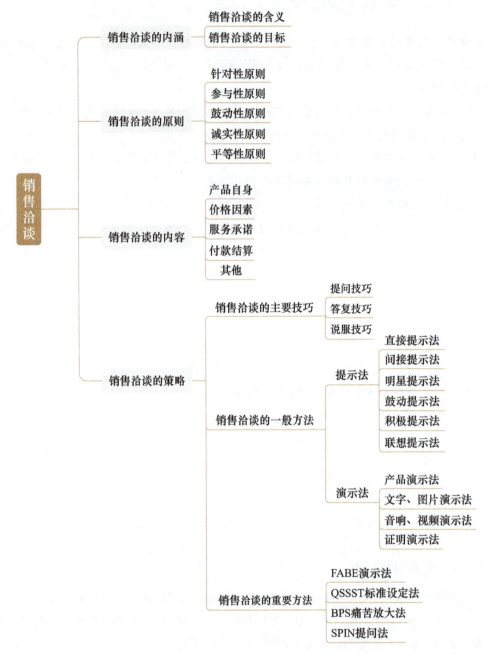

▶ 本章的重点和难点

- 销售洽谈的原则（针对性原则、参与性原则、鼓动性原则、诚实性原则、平等性原则）。
- 销售洽谈的主要技巧（提问技巧、答复技巧、说服技巧）。
- 销售洽谈的重要方法（FABE演示法、QSSST标准设定法、BPS痛苦放大法、SPIN提问法）。

第五章 销售洽谈

单元案例

安利是全球知名的日化用品品牌，多年来采用直销模式取得很好的业绩，市场上占有较高的份额。安利旗下的销售员在销售产品时，最常用的一种销售手法和技巧就是"演示法"。他们认为，嘴上把产品说得再好，也不如当着顾客面把产品的优点演示一次或让顾客亲身体验一下产品来得实际；所以，他们往往会采用以下的产品展示形式（以沐浴露为例）：

演示一：销售员用圆珠笔在手臂上画上几道，然后让顾客倒出一点安利沐浴露涂抹在手臂上，并在刚才的几道划痕上轻轻揉搓，那几道痕迹就轻而易举地不见了，以证明他们沐浴露的去污力强。

演示二：销售员倒出一点沐浴露在手上，直接拿手去接触眼睛，还揉了几下，沐浴露直接进入眼睛里，看得围观的消费者目瞪口呆；然后转身对顾客说："你敢像我这样做吗？自己也体验一下！"顾客开始有点犹豫，后来大胆地尝试了一下，也学销售员把沐浴露弄到眼睛里，感觉一点都不辣眼睛，什么事也没有。通过这次验证，证明了他们的产品由纯天然成分制成，无刺激。

安利正是采用这种演示法让购买产品的消费者心服口服，很放心地购买他们的产品。

问题：

安利销售员在销售洽谈中，运用了哪些洽谈方法？这些方法有什么好处？

分析提示：

产品演示法、证明演示法。把产品的性能、特色、优点表现出来，使顾客对产品有直观的了解；通过证明演示，顾客更能信服。

单元自测题

1. 销售洽谈的原则包括（   ）。
   A．针对性原则   B．参与性原则   C．鼓动性原则
   D．诚实性原则   E．平等性原则
2. 在销售洽谈中，对洽谈双方来说最主要、最敏感，也常常是冲突焦点的洽谈内容是（   ）。
   A．质量   B．数量   C．价格   D．服务
3. 7W1H提问原则中1H指的是（   ）。
   A．How   B．Here   C．Hero   D．Help
4. 销售洽谈的重要方法包括（   ）。
   A．平铺直叙法   B．FABE演示法
   C．QSSST标准设定法   D．BPS痛苦放大法

E．SPIN提问法

5. 对于思想观念比较固化的顾客，适合采用（　　　）。
   A．FABE演示法　　　　　　　　　B．QSSST标准设定法
   C．BPS痛苦放大法　　　　　　　　D．SPIN提问法

6. 销售洽谈的一般方法中，提示法包括（　　　）。
   A．直接提示法　　B．间接提示法　　C．明星提示法
   D．鼓动提示法　　E．积极提示法　　F．联想提示法

7. 汽车销售员小李每次在和顾客展示的时候，都会从外观到内部将汽车的每一个要点、特点一一进行介绍，并带顾客试驾体验。这是使用（　　　）。
   A．产品演示法　　　　　　　　　　B．文字、图片演示法
   C．音响、视频演示法　　　　　　　D．证明演示法

8. 以下属于证明演示法的是（　　　）。
   A．地板销售员小王每次介绍地板耐磨的时候都会用钢丝刷用力刷
   B．小李每次都会展示各种证书、国际标准、企业标准等文件给顾客看
   C．小蔡每次和顾客沟通前都会先放一条企业文化视频
   D．小吴喜欢用PPT展示产品的特点、优点等

9. 对于卖点独特、价值比较突出的产品，更适合采用（　　　）。
   A．FABE演示法　　　　　　　　　B．QSSST标准设定法
   C．BPS痛苦放大法　　　　　　　　D．SPIN提问法

10. "卖产品不如卖服务，卖服务不如定标准"，这句话告诉我们展示产品的时候可以用（　　　）打动顾客，达成销售。
    A．FABE演示法　　　　　　　　　B．QSSST标准设定法
    C．BPS痛苦放大法　　　　　　　　D．SPIN提问法

单元实训

以组为单位，选择一件熟悉的产品，拍摄一个模拟销售视频，要求如下：

1. 在视频中介绍你的产品，必须运用本章所学的销售洽谈方法（FABE演示法、QSSST标准设定法、BPS痛苦放大法、SPIN提问法任选一种）。

2. 小组各成员分工合作，注意场景及对白设计；自行准备服装、道具、场地、剧本；担任导演、演员、场务等角色；对白必须用普通话。

3. 视频须控制在2分钟之内，请注意拍摄技巧及清晰度。

Chapter 6

第六章
处理异议

教学导航

◈ **知识目标**

◎ 了解顾客异议的含义、成因及分类
◎ 熟悉处理顾客异议的原则
◎ 掌握处理顾客异议的方法和技巧

◈ **能力目标**

◎ 能阐述顾客异议的含义、成因及分类
◎ 能运用所学的方法和技巧处理顾客异议

"无理取闹"的女司机

一位年轻的女司机开车到中国石化某油站加油,对油站服务员小李说:"93号油,加满。"小李一边点头一边向她示意加油机已归零后,就开始加油。女司机去趟洗手间回来,油就加满了。小李对女司机说:"小姐,本次加油55升,每升7.5元,总共421.5元。"女司机一看,不相信地问:"啊!怎么这么多,你是加了这么多油吗?"小李面带笑容,对女司机说:"刚才在加注油品前,加油机的示数为0,在您离开的几分钟内,这台加油机只加注过您这一辆车;并且,我们加油机的流量数据会实时地传到管控机上,您可以根据管控机查到这笔数据,同时您也可以通过监控系统,查看我的整个加油过程。"

然而,女司机似乎还不相信,态度变得恶劣起来,大声说道:"不可能。我的车总共才50升,你给我加到55升;平时加满才300多块钱,肯定是你们加油机有问题!"此刻,她又质疑起油站的加油机来。小李会怎么处理呢?只见她还是耐心地面带微笑,解释道:"我们的加油机是经过省级计量监督检测部门检测的,计量精度误差在上下千分之三以内,并都具有检定合格证书。您看,这就是检定合格后的质量标识,具有法律效力。"说完,小李指了指贴在加油机上的标识,希望女司机能明白。

可是,女司机还是皱着眉头说:"不管怎么说,我这辆车才50升,你给我加到55升就是不可能。"随着事态的发展,作为加油员的小李也不知道应该怎么办才好了;但她并没有和顾客继续争论,而是对女司机说:"您跟我说的这个问题,我也不是很清楚;不过您别着急,我们一定会妥善处理好的。要不这样,您跟我一块到办公室休息一下,由我们站长向您解释,您看可以吗?"女司机终于勉强地点了点头,跟随小李一起走进办公室。

讨论:小李在处理顾客异议时,遵循了哪些原则?

上述案例中,面对女司机的质疑时,油站加油员小李始终保持着良好的素养,坚持采用顾客异议处理的原则对事件进行处理,尊重顾客,永不争辩。顾客异议处理是销售过程中不可避免的环节,既能看作是成交的障碍,也可以看成是成交的信号。因此,能否将顾客的异议妥善处理好,直接关系到销售是否能顺利进行,是销售工作中非常重要的一环。

第一节　顾客异议概述

销售是从顾客拒绝开始的。有调查显示,销售员得到顾客允许访问和被顾客拒绝的比例是1:10;得到顾客允许后,能顺利完成销售介绍的概率是67%。因此,对于顾客的拒绝,销售员应有心理准备，应把顾客的拒绝看作是再正常不过的事情。

一、顾客异议的内涵

（一）顾客异议的含义

顾客异议是销售过程中被顾客用来作为拒绝购买理由的各种问题、反对意见和看法。在实际销售过程中，销售员经常会遇到"对不起，我很忙""这个事情我做不了主""价格太贵了""不好意思，我没兴趣""质量能保证吗"等顾客有意设置的成交障碍，这些就是常见的顾客异议。

顾客提出异议，是销售员面谈所要达到的目的和追求的效果。只有产品介绍、洽谈等销售活动引起了顾客注意，激起了顾客的兴趣，顾客才会提出异议，这样才表明销售活动取得了效果。并且，顾客开口说话，提出自己的看法或反对意见，销售员才能知悉销售重点和方向所在，才能开展进一步的、有针对性的说服工作。

顾客异议有时会成为成交信号，因此销售员应以积极的心态处理异议；当妥善处理好一个顾客异议，就克服了成交路上的一个障碍，离成交目标就更近了一步。

（二）顾客异议的成因

顾客的异议往往如同冰山，听到的异议本身只是顾客全部意思表示的很小一部分，真正的异议是顾客隐藏起来的更大那部分，需要销售员去进行更深入的发掘。为了更科学地预测、控制和处理各种顾客异议，销售员应该了解产生顾客异议的主要原因。归纳起来，有以下两方面原因：

1. 顾客方原因

（1）顾客没有真正认识到自己的需求。这类顾客没有意识到需要改变现状，固守旧有的消费方式。顾客对于购买对象、购买内容和购买方式墨守成规，不思改变，缺乏对新产品、新服务项目、新供应商的需求和购买动机。

销售员对于这类因缺乏认识而产生需求异议的顾客，应通过产品的不同使用场景、产品能解决哪些目前无法解决的问题、能给顾客的生活及工作效率等发生哪些改变及提升，来挖掘顾客的需求，从而刺激顾客的购买欲望。

> **同步案例**　**谁会去注册音频APP**
>
> 在短视频、在线视频流行的时代，各类短视频APP，如抖音、快手等，短短几年时间就达到了好几亿的活跃量，比起社交通信APP，如QQ、微信等，达到同样活跃量所需时间大大缩减，可见短视频APP的火爆程度。作为并不在风口上的音频APP的运营企业，如喜马拉雅、酷狗等，如何才能吸引到更多的注册会员呢？
>
> 它们所用到的策略是，先为顾客描绘其使用的场景，以场景化来设定内容栏目，如跑步的场景、做家务的场景、上班路上、开车的时候、早上起来洗漱的时候、晚上入

睡前等，在这些场景中由于人们要忙着手头上的事情，无法拿着手机看短视频或看新闻等，但可以通过音频APP听音乐、听故事、听书、听新闻等。在顾客没有了解到这些使用场景之前，一定会觉得"傻瓜才需要一个音频APP"，那么顾客就不会有注册使用音频APP的欲望。

点评：销售员要通过使用场景的描述，解决顾客的异议，挖掘顾客的需求，从而获得顾客。

（2）顾客缺乏产品知识。科技发展日新月异，新产品层出不穷。新产品尤其是高科技产品的特点与优势并不能一目了然，需要有一定的产品基础知识才能了解，因此会造成一些顾客的认知障碍，从而产生异议。销售员应该以各种有效的解说、演示，深入浅出地向顾客解释产品特点，要注意使用顾客听得懂的话语。

同步案例 V8板底有什么用？

以下是销售某品牌某型号地板时，销售员与顾客的对话。由于不同顾客对产品的认识程度不同，产生了截然不同的两种情景：

情景一

销售员小林："先生，我们这款地板使用的是V8板底技术，获得独家专利认证，也是行业领先的技术。"

顾客1："我是来买地板的，能用就行，不需要什么V8板底的。"

情景二

销售员小李："先生，我们这款地板使用的是V8板底技术，板底使用了4层底漆2层面漆的封漆技术，地板铺装在您家里之后，地面的潮气就不会入侵到地板里面，让您家的地板不会出现受潮变形的问题，让您家的地板更加耐用。"

顾客2："是的，地板一定要耐用，否则返修多麻烦啊。"

点评：顾客不了解这项技术能为他带来什么好处，所以才会有异议，才不接受销售员的产品；当顾客了解到这项技术给他带来的实实在在的好处时，顾客便会接受。

（3）顾客的偏见、成见或习惯。偏见与成见往往缺乏逻辑，内容复杂且带有强烈的感情色彩，由此产生的异议不是靠讲道理就可以轻易消除的。销售员要避免直接讨论、争论，可倡导新的消费观念和消费方式，倡导社会进步，以引导顾客改变旧有的、落后的生活方式。

同步案例 智能手机太复杂了

一天，手机店的小张接待了一位60岁左右的阿姨。

阿姨："小伙子，你这里有没有只能打电话的手机啊？"

小张："阿姨，我们这里卖的都是智能手机，都能打电话的。"
阿姨："智能手机太复杂了，我们老人家不会用，我只要能够打电话的手机就行。"
小张："您是想买一台老人机（功能手机）吧？为什么不尝试一下使用智能手机呢？"
阿姨："智能手机都是你们这些年轻人用来玩游戏、看视频、上网聊天的，我又不会玩这些，智能手机对于我这个老人家没啥用。"
小张："阿姨，您一般打电话给谁呢？"
阿姨："打给在城里读书的孙女。"
小张："那么您想不想见到您的孙女呢？"
阿姨："一定想啊，但只有暑假、寒假才能见到她。"
小张："您买一台智能手机，想见您孙女的时候，直接用视频聊天就可以啦，这样您就可以天天看到您的孙女了。"
阿姨："还有这样的功能啊，但我不会用。"
小张："阿姨，其实使用很简单的，我教您，您尝试一下。"
阿姨："还挺好用的，其实并没有想象中那么复杂，我就买这台手机吧。"
点评：销售员面对顾客固守已有的观念，要从顾客的实际需求出发，引导他尝试使用。通过体验，才能激发顾客购买的兴趣。

（4）顾客有比较固定的购销关系。大多数工商企业，即组织购买者，在长期的生产经营活动中，往往与某些销售员及所代表的企业形成了比较固定的购销合作关系，双方相互了解和信任。当新的销售员出现时，顾客不敢冒险丢掉已有的供货关系。销售员应从降低购货风险、避免受制于人的角度来化解顾客异议。

同步案例　善于"挖墙脚"的销售员

机器零部件公司的销售员王新，他对"挖墙脚"（挖竞争对手的顾客）很有心得，以下是他与顾客的一段对话。

王新："李哥，上次给您推荐那款产品考虑得怎样了？"
李哥："不好意思啊，公司领导说我们还不需要新的供应商。我们和现有供应商已经合作3年了，关系一直很好，供货也很及时。"
王新："是啊，换供应商的确不是那么容易的事，搞不好还会影响公司的生产、出货，从而影响市场。"
李哥："谢谢您对我的理解。"
王新："能理解的。我的很多顾客都是像你们公司一样的，都有稳定的供应商，都不想更换。后来试用了我们的零部件，发现零部件采购成本节省了5%，生产组装效率提升了10%，产品的使用寿命也增加了3年，顾客的口碑也提升了，才慢慢转用我们提供的零部件的。要不要也发一些给您试用一下？不收您的钱。"
李哥："那么好啊。那你发一些过来试试吧。"
（发出试用品1个月后，销售员王新又拨通了顾客的电话）

现代销售技术

> 王新："李哥，您试用了我们公司的零部件了吗？"
> 李哥："已经试用过了，前天公司刚刚开完供应商评审大会，大会上我们领导对你的零部件测评打分是A级，我们也正在考虑先部分工厂更换供应商的问题。你等我的好消息……"
> 点评：从顾客产生不愿意更换供应商的异议，到公司愿意考虑更换供应商，销售员王新用到的策略是给顾客产品试用，以试用的实际效果打动顾客，让顾客从试用、到部分使用，再到全部使用，从而形成牢固的供应关系。

（5）顾客缺乏足够的购买力。顾客的购买力是指在一定的时期内，购买产品的货币支付能力。如果顾客缺乏购买力，就会拒绝购买，或者希望得到一定的优惠。有时顾客也会以此作为借口来拒绝销售员，有时也会利用其他异议来掩饰缺乏购买力的真正原因。因此，销售员应认真分析顾客缺乏购买力的原因，以便做出适当的策略调整。

除上述主要原因外，还有一些其他原因也会让顾客产生异议，如偶发的顾客情绪不佳、顾客特有的性格等。销售员应通过友善沟通，了解顾客产生异议的真正原因，再对症下药进行处理。

2. 销售方原因

（1）销售产品的问题。在实际销售过程中，顾客有可能会对销售产品的品牌、性能、款式、质量、包装、价格、服务等方面产生异议，任何一方面产生问题都会影响最后的成交。例如服务，在日益激烈的市场竞争中，顾客对销售服务的要求越来越高；顾客对销售服务的异议主要有销售员未能向顾客提供足够的产品信息和企业信息；没能提供顾客满意的服务或服务没能得到顾客的认同等。因此，销售员必须加强学习，掌握丰富的产品知识，灵活处理顾客提出的异议，以赢得顾客的青睐。

（2）销售员的问题。顾客的异议可能是由于销售员素质低、能力差造成的。例如，销售员的销售礼仪不当、不注重自己的仪表、对产品缺乏信心、销售技巧不熟练等。因此，销售员能力、素质的高低直接关系到销售洽谈的成功与否，销售员一定要重视自身修养，提高业务能力及水平。

销售小知识

三种错误的应对异议方法

（1）放弃型：听到异议，就放弃努力，随即递上卡片说"您考虑清楚了，可以来找我"，然后就送客。

（2）好斗型：当顾客说要回去商量一下再定时，销售员感到生气及好争论，"你难道不可以自己做主吗？"

（3）沮丧型：沮丧的情绪会刺激顾客产生同样的感受，导致顾客很不开心地离开你的门店。

（3）销售企业的问题。在销售洽谈中，顾客的异议有时还会来源于企业。企业经营管理水平低、产品质量不好、不守信用、企业形象欠佳、服务安排不周、企业知名度不高等，这些都会影响顾客的购买行为。顾客对企业没有好的印象，自然对企业所生产的产品就不会有好的评价，也就不会去购买。

（三）顾客异议的类型

1. 根据异议的性质分类

（1）真实异议。顾客确实有心购买产品，但从自己的利益出发往往对产品或成交条件中涉及的功能、价格、售后服务、交货期等方面产生质疑和探讨。在这种情况下，销售员必须做出积极的响应，承认问题并提出解决问题的办法，才能解决顾客异议，最终达成交易。例如，有针对性地补充说明产品的有关信息，用质量性能好来化解价格高的异议，用允许退换、长期保修的承诺来消除顾客对产品某些质量不足的疑虑。

（2）虚假异议。虚假异议又称无效异议，是指顾客并非真的对产品不满意，而是为了拒绝购买而有意提出的各种意见和看法，是顾客对销售活动的一种探究性反应。虚假异议的产生，有的是顾客为了掩饰自己无权做出购买决定，而有的是顾客已经决定购买其他产品，只是为了了解更多相关产品的信息。一般情况下，对于虚假异议，销售员可以采取一带而过的处理方法，因为解释虚假异议不会对顾客的购买行为产生促进作用。

销售小知识

虚假异议很常见

在实际销售活动中，虚假异议占顾客异议的比例较大。日本有位销售专家曾对378名销售对象做了如下调查："当你受到销售员访问时，你是如何拒绝的？"结果发现：有明确拒绝理由的只有71名，占18.8%；没有明确理由，随便找个理由拒绝的有64名，占16.9%；因为忙碌而拒绝的有26名，占6.9%；不记得是什么理由，好像是凭直觉而拒绝的有178名，占47.1%；其他类型的有39名，占10.3%。这一结果说明，有近七成的销售对象并没有什么明确理由，只是随便找个理由来拒绝销售员的打扰，把销售员打发走。

2. 根据异议的成因分类

（1）价格异议。产品的价格是顾客最关心的问题，顾客最为敏感，因为价格关系到顾客的切实利益。"太贵了"，这是顾客挂在嘴边的话。顾客永远希望用最低的价格购买最好的产品，顾客抱怨价格高的动机，很多时候是出于心理满足的需要。这是受顾客自身的购买习惯、购买经验、认识水平以及外界因素影响而产生的一种异议。对价格的异议通常包括价值异议、折扣异议、支付方式异议以及支付能力异议等。

（2）需求异议。这是指顾客提出不需要所销售的产品，如"我已经有了""我库存还很多""这个东西没什么用"等。销售员要正确区分顾客的现实需要和潜在需要。据统计，潜在需要占的比重达30%。销售员在向顾客销售产品时,听到最多的一句话就是"我不需要你的产品"。而销售工作的一个重要任务,就是唤起顾客的需要,然后再去满足顾客的需求。

(3)产品异议。这是指顾客对产品的功能、质量、式样、设计、结构、规格、品牌、包装等方面提出的异议。产品异议表明顾客已经了解自己的需求,但却担心产品能否满足自己的需求。这类异议带有一定的主观色彩,主要由顾客的认识水平、购买习惯以及其他各种社会成见影响造成的,与企业的广告宣传也有一定关系。

(4)货源异议。这是顾客对产品来自哪个地区、哪个厂家、是何品牌,甚至对销售员身份提出的异议。例如,"我们一直用的是××品牌的产品,从来没有买过你们的产品""没有听说过你们公司""这个牌子的产品质量不好,我们想用其他企业生产的产品"等。

(5)权力异议。这是顾客提出的关于决策权力或者购买人资格的异议,是顾客自认为无权购买该产品的异议,如"订货的事我无权决定""我做不了主"等。销售员应注意,顾客的陈述有可能是事实,他没有购买决策权;但也有可能是推托和借口。真实的权力异议是直接成交的主要障碍,而虚假的权力异议,则需要销售员采取合适的转化技术予以化解。

(6)财力异议。这是指支付能力异议,即顾客自认为无钱购买。这也分为真实和虚假两种情况。若情况真实,销售员可能要暂时停止销售;若属虚假异议,是借口,说明顾客对产品价值没有认识,或已经决定购买其他品牌的产品,销售员要采用利益销售等销售法则,开展有说服力的销售工作。

(7)销售员异议。顾客对特定销售员的质疑和不满,很可能是销售员自身原因造成的,如销售员不注意销售礼仪、个人形象欠佳、说话浮夸等。销售员应从自身找原因,改进销售工作。

同步实训

顾客异议类型判断游戏

两名同学上台演练以下情景话术,一名同学扮销售员,另一名扮不同情景的顾客,其他同学判断,不同顾客的回答分别属于哪种异议,老师进行纠正及点评。

情景一
销售员:"您就让我们的产品上架吧。"
顾客:"嗯,听起来不错,但我店里现在有7个品牌21种型号的牙膏了,没地方放你的杂牌牙膏了。"

情景二
销售员:"这双鞋子您穿起来很好看,就买了吧。"
顾客:"这种鞋设计太古板,颜色也不好看。"

情景三
销售员:"就让我为你们公司供货吧。"
顾客:"万富公司是我们的老关系户,我们没有理由中断和他们的购销关系,转而向你们公司购买这种产品。"

第六章 处理异议

情景四
销售员："您就现在定了吧。"
顾客："给我10%的折扣，我今天就给你下订单。"

情景五
销售员："您稍等一会，我打电话问问我们的技术顾问。"
顾客："算了，连你（销售员）自己都不明白，我不买了。"

情景六
销售员："这款化妆品太适合您啦。"
顾客："我这把年纪买这么高档的化妆品干什么，一般的护肤品就可以了。"

二、处理顾客异议的原则

销售员在处理顾客异议时，为使顾客异议能够最大限度地消除或转化，应树立以顾客为中心的营销观念，并遵循以下原则：

（一）尊重顾客

尊重顾客是销售员具有良好修养的体现。这不仅会使顾客感到销售员对所销售的产品有自信心，并具有谦虚的品德，而且会使顾客感到销售员对他们的需求和问题具有浓厚的兴趣。不论顾客的异议有无道理和事实依据，销售员都应以温和的态度和语言表示欢迎。要善于倾听顾客的异议，不要轻易打断顾客讲话。在提出对顾客异议的处理意见之前，可以沉思片刻，让顾客感到你很重视他的意见并经过了认真考虑。必要时，销售员可以简单概括和重复顾客异议。

行家谈经验

从退定到成交中间隔着"尊重"

我的同事离职了，转交一位老顾客给我。我给他打回访电话时就发现，他对我们的态度不太好，一直说忙，就挂了，发短信也不回，我就意识到这个单子肯定有问题。10月3日，正好国庆节店里搞活动，我趁机给顾客打电话，以优惠活动吸引顾客到店里来，希望通过和顾客见面，进一步沟通，了解顾客的真实想法。

当天，顾客来店后，就直接说要退定金。我能感受到顾客对我们是有情绪的，却不知道原因；我想，我和顾客才刚认识，没有感情，他对我也不信任，所以我必须通过实际行动让顾客对我放下戒心，产生好感，再慢慢了解他的想法。于是，我一直面带微笑，给顾客端茶、加水，递点心、水果，一直做服务，表现得非常尊重他，让他的情绪稳定下来，再进一步和他沟通。通过慢慢地沟通，顾客才和我说了心里话，原来他来店里看了几次，想用我们的地暖实木地板，但是

现代销售技术

> 价格比多层地板高很多,他便叫之前的顾客经理(离职的同事)去申请降价,但是来了3次,都被告知价格不能少;而且也没告诉他两款产品的差别,就一直推荐他用多层地板。因此,顾客认为我们的服务非常差,对他不够尊重,没有站在他的角度为他解决问题。
>
> 知道了他的真实想法后,我一边安抚顾客,一边为他制定新的产品方案,最后终于挽回了这位顾客。因此,在处理异议的过程中,我们必须要尊重顾客,切实地从顾客需求出发,为他们解决问题,这样才能真正赢得顾客的心。

尊重顾客,还表现为销售员应该维护顾客的自尊,给顾客留足面子;不要训斥、诋毁顾客。当顾客适时地被销售员"吹捧"时,心情也会更加愉悦,很多异议自然会迎刃而解。

同步案例 把"帽子"戴到顾客头上

有一名销售员,代表施乐公司经销高质量的复印机。一天,他走进张先生的办公室,交谈中才知张先生是施乐公司的老主顾。一开始销售员就陷入了困境,张先生说:"两年前,我们买了一台施乐复印机,它的速度太慢了,我们只得扔出去。用你们的复印机,我们浪费了不少宝贵的工作时间。"

在这种情况下,一般的销售员通常会进行争辩,说施乐复印机速度同其他复印机一样快。这样的争辩很少能有结果,常常会得到这样的回答:"好啦,我听到了,但是我们不再想要施乐复印机。谢谢来访,再见。"然而,这位销售员却没有这么做,而是把施乐公司董事长的"帽子"戴到了张先生的头上,说:"张先生,假定您是施乐公司董事长,已经发现复印机速度慢的问题,您会怎么办呢?"张先生说:"我会叫我的工程技术部门采取措施,促使他们尽快解决这个问题。"接着销售员笑着说:"这正是施乐公司董事长所做的事情。"异议被突破了!张先生继续听完销售员的介绍后,又订购了一台施乐高质量、高速度的复印机。

点评:遇到顾客提出的异议,不要去反驳,站在顾客角度思考,尊重他的观点,并为他"戴高帽",满足顾客的虚荣心,更能赢得顾客。

(二)耐心倾听

倾听是褒奖对方谈话的一种方式。越是善于耐心倾听他人意见的人,销售成功的可能性就越大。西方有这样一句谚语:"上帝给了你两只耳朵,却只给了你一张嘴,意味着上帝要求你多听少说。"因此,要理解顾客,首先应学会倾听顾客的诉说。即使对顾客所说的有些话题不感兴趣,只要对方谈兴很浓,出于对顾客的尊重,销售员也不应该表现出厌烦的神色,而应保持足够的耐心和热情,倾听完对方的说话,并做出回应。

(三)永不争辩

销售过程是人与人之间相互交流、沟通的过程。作为销售员,保持与顾客良好和谐的关系,是销售工作能否顺利开展的重要条件。一旦与顾客发生争辩,很容易使顾客感到他没有受到应有的尊重。销售员取得争辩胜利的同时,他将很可能取得销售的失败。因此,很多营销企业信奉"顾客永远是对的"。

(四)及时反应

对于顾客异议,如果销售员能及时答复,而且能够给消费者一个圆满答复,应及时答复以化解顾客疑虑;如果销售员不知如何回答或者顾客情绪激动,可策略性地转移顾客的注意力,如对顾客表示同情,进一步了解异议的细节,并告诉顾客会尽快向公司反映情况。对于不能直接回答的问题,销售员应及时向公司反映并将有关结果尽快回复顾客。销售员应做好处理顾客异议的相关准备,在顾客提出异议之前及时解答,消除顾客的疑虑。

第二节 处理异议的策略

顾客异议产生的原因有很多,发生的时间、地点和外部环境也各不相同,但顾客异议的形成却有许多共同的特点,销售员只有掌握了处理顾客异议的基本原则和策略,才能使销售工作更加富有成效,并使顾客产生良好的印象。

一、处理异议的方法

(一)直接反驳法

直接反驳法又称反驳处理法,销售员根据充足理由和确定证据直接否定顾客的异议。这种方法能直接明确地说明有关情况,说服力强,反馈速度快,可提高销售效率;但前提是销售员手上必须有充分的证据,如一些顾客不了解的客观事实、产品证明文件或材料等,否则易使顾客产生心理压力和抵触情绪,甚至伤害顾客自尊,造成紧张气氛。因此,使用这种方法时,销售员应站在顾客立场上进行解说,不可强词夺理,态度要温和、诚恳,用词恰当;可适当采用"是的……如果……"句式,先肯定顾客,再委婉地反驳顾客。

处理异议的方法

适用场合:该方法适用于处理由于顾客的误解、成见、信息不充分等导致的有明显错误、漏洞或自相矛盾的异议;不适于处理因个性、情感等因素引起的顾客异议。

现代销售技术

> **销售话术**
>
> **情景一**
> 顾客："你们的产品比别人的贵。"
> 销售员："不会吧，我这里有其他公司同类产品的报价单。我们的价格是最低的。"
>
> **情景二**
> 顾客："你们公司生产的外墙涂料日晒雨淋后会出现褪色的情况吗？"
> 销售员："您请放心，我们公司的产品质量是一流的，您是否注意到东方大厦，它采用的就是本公司的产品，已经过去10年了，还是那么光彩依旧。"
> 顾客："东方大厦啊，我知道，不过听说你们公司交货不是很及时，如果真是这样的话，我们不能购买你们公司的产品，它会影响我们的工作。"
> 销售员："先生，这是我们公司的产品说明书、国际质检标准复印件、产品价目表，这些是我们曾经合作过的企业以及他们对我们公司、产品的评价。您看一下就明白了。"

（二）利用处理法

利用处理法又称"太极处理法"，是指销售员直接利用顾客异议中有利于销售成功的因素，并对此加工处理，转化为自己观点的一部分去消除顾客异议，说服顾客接受产品的方法。这是一种以攻为守，变被动为主动的方法。它的好处是把拒绝的理由转化成购买的理由，把成交的障碍转化为成交的动力，说服力很强；但处理不好会让顾客觉得是要嘴皮，被人钻了空子，受了愚弄，从而产生不快。因此，使用该方法时先肯定顾客的看法或赞美顾客，承认其合理性，再加以利用；切勿欺骗顾客，任意发挥。

> **同步实训　逆向思维训练**
>
> 利用处理法很需要销售人员的逆向思维，以下句子的前半部分都是一些消极或不好的意思表达，请你运用逆向思维，将句子的后半部分补充完整，使其变成积极向上的句意。
>
> - 我的上司经常对我发火，我很……因为……
> - 我被爱人抛弃了，我很……因为……
> - 我的同事都不理我，我很……因为……
> - 我以前从未做过销售工作，我很……因为……
> - 我的业绩常常不理想，我很……因为……
> - 顾客说要考虑考虑，我很……因为……

> 顾客说暂时不想代理我们的品牌,我很……因为……
> 顾客不愿意透漏个人信息,我很……因为……
> 顾客说我们产品的价格太高了,我很……因为……
> 顾客让先发资料看看,我很……因为……

适用场合:该方法适用于真实、有效的异议,以及由于不能控制的因素所产生的异议。

销售话术

情景一

顾客:"你们的产品又涨价了,我们买不起。"

销售员:"您说得对,最近这些产品的价格又涨了。这是因为原材料的价格在上涨,并且原材料价格仍有继续上涨的趋势,因此产品的价格还会继续上涨。现在不买,过一段时间,就更加买不起了。"

情景二

顾客:"你们这种暖风机太小了。"

销售员:"对呀,小巧玲珑是我们这个品牌暖风机的一大特点,非常适合小朋友在家做作业时取暖。"

情景三

顾客:"对不起,我很忙,没时间与你交谈。"

销售员:"正因为您忙,所以才要想方设法节省时间吧?我们的产品一定能帮你的忙。"

情景四

顾客:"我身体好得很,不需要保险。"

销售员:"我理解您的心情,正因为您身体很好,更应该马上投保。如果等到身体衰弱,想投保也来不及了。"

情景五

顾客:"那个破玩儿(高尔夫球棒)太贵了,只有傻瓜才会买。"

销售员:"是呀,我也觉得这东西太贵了,但是您是有身份、有地位的人,像您这样的人所选择的产品自然要与别人不同。"

情景六

顾客:"我这个年纪买这么高档的化妆品干什么,我只是想保护皮肤,可不像年轻人那样要漂亮。"

销售员:"这种护肤霜的作用就是保护皮肤的。年轻人皮肤嫩,且生命力旺盛,用一些一般的护肤品即可。人上了年纪皮肤不如年轻时,正需要这种高级一点的护肤霜。"

（三）补偿处理法

补偿处理法又称平衡处理法，是指销售员在坦率承认顾客指出的问题确实存在的同时，利用产品的某些长处对所涉及的短处加以弥补，或使顾客从产品及其购买条件中得到另外的实惠来对抗异议的一种处理方法。

> **销售小知识**
>
> 讨价还价的技巧
>
> - 如果顾客在价格上要挟你，就和他们谈质量。
> - 如果对方在质量上苛求你，就和他们谈服务。
> - 如果对方在服务上挑剔你，就和他们谈条件。
> - 如果对方在条件上逼近你，就和他们谈价格。
>
> ——美国销售专家约翰·温克勒尔

这种方法的技巧是首先实事求是地承认缺陷，再另外提出、强调优点，增加顾客对销售员的信任感，让顾客容易接受；但销售员肯定顾客异议，承认缺陷，也会削弱顾客对产品的信心。因此，使用该方法时应注意，补偿的利益要大于异议涉及的损失，净利益要大于顾客支付的价格，才能让顾客达到心理平衡。

适用场合：该方法适用于产品存在明显缺陷，顾客只有单一异议，以及真实有效的异议。

> **同步案例** 顾客的欣然之色从何而来
>
> 在一次冰箱展销会上，一位打算购买冰箱的顾客指着不远处一台冰箱对身旁的销售员说："那种A牌的冰箱和你们的这种冰箱同一类型、同一规格、同一星级，可是它的制冷速度要比你们的快，噪声也要小一些，而且冷冻室比你们的大12升。看来你们的冰箱不如A牌的呀！"
>
> 销售员回答："是的，您说的不错。我们冰箱噪声是大点，但仍然在国家标准允许的范围以内，不会影响您家人的生活与健康。我们的冰箱制冷速度慢，可耗电量却比A牌冰箱少得多。我们冰箱的冷冻室小但冷藏室很大，能储藏更多的食物。您一家三口人，每天能有多少东西需要冰冻呢？再说吧，我们的冰箱在价格上要比A牌冰箱便宜300元，保修期也要长6年，我们还可以上门维修。"顾客听后，脸上露出欣然之色。
>
> **点评**：案例中，销售员先承认自己产品的缺点，然后拿自己的优点和别人的缺点来对比，以突出自己的优势。

第六章 处理异议

行家谈经验

地板和瓷砖的对比

2019年6月份的一天，我去隔壁集成墙板店办事时，遇到一位正在看墙板的客人，等他选好后便把他领回我们店里坐坐。我问他："地板选好了没有？"他说："已经选好了瓷砖，给了五千元定金。"我问他："为什么不考虑地板呢？"他说："木地板不好保养，怕水怕潮，又不耐脏，而且地暖用又怕鼓起来，不过你家木地板的款式倒是很好看！"

我连忙接着他的话说："是的，我们品牌木地板的花色、款式不仅好看，还上档次。虽然地板的确怕水怕潮，打理起来有一定难度，但产品最重要的是健康环保，质量过硬呀！我们的基材是环保的高密度纤维板，用的是速生木材如松木等，耐磨转数在6 000～9 000转，槽口也是纤维蜡封，模压倒角，脚感舒适，还适合地热。而且现在的工艺越来越先进了，木地板也特别好打理了，如果您还担心，我可以申请赠送您一瓶地板清洁液，方便又好用。"

听我介绍完，这位顾客也特别认可，然后给家里人打电话商量，让他们来选款式，最后成功开单。所以，当顾客质疑产品缺点时，我们可以把产品的优点展示出来，通过对比让顾客做出选择。

（四）询问处理法

询问处理法是指销售员通过对顾客异议提出疑问，待真正了解其内容和原因后，再做处理的一种方法。通过询问，销售员可以掌握更多的信息，形成良好的洽谈气氛，为进一步销售创造条件，但也有可能引发顾客抵触情绪及产生新的异议，错过销售最佳时机。因此，销售员询问要及时，有时要适可而止。

适用场合：该方法适用于顾客异议是借口，真实原因销售员甚至顾客也不清楚。

销售话术

情景一

顾客："你们的东西价格是不贵。不过，我们现在还是不想买。"

销售员："您认为价格便宜，为什么现在不买呢？"

情景二

顾客："这台复印机的功能，好像比别家要差。"

销售员1："这台复印机是我们新推出的产品，它具有……的功能，有三个按键调整浓淡，每分钟能印20张，复印效果非常清晰……"

销售员2："请问您觉得哪个功能比哪家的复印机要差呢？"（询问处理法）

(五)共情处理法

共情处理法要求销售员学会站在顾客的角度思考并理解顾客提出的异议,然后通过提问了解顾客产生异议的原因,并以反问确认,然后将顾客转移到自己的销售情景。共情处理法分为五步:

第一步:共情。进入顾客的内心世界,理解顾客的想法。
第二步:提问。询问顾客产生异议的原因。
第三步:回答。顾客说出异议的原因。
第四步:反问。用自己的话描述顾客的原因,再反问确认。
第五步:转移。将顾客转移到自己的销售情景。

销售话术

> 顾客:"我想找一款有双锁扣的地板,您介绍的这款是单锁扣的。"
> 销售员:"双锁扣的地板挺不错的(共情)。您是看中它的什么呢?(提问)"
> 顾客:"它扣得稳,不容易变形,并且可以无缝拼接。(回答)"
> 销售员:"您眼光真好。您是想找一款稳定性强,拼装后表面平整、好看的地板对吗?(反问)"
> 顾客:"是的。"
> 销售员:"您跟我来,我这里有一款挺适合您的。(转移)它采用我们的5G锁扣专利技术,不但可以无缝拼接,而且锁扣拉力达到600公斤以上,扣得稳,稳定性强,抗变形。"

二、价格异议的处理技巧

价格异议已经超出了一般的异议,价格异议的处理往往都会占用销售员较多的洽谈时间,因为每个顾客都希望以最低的价格买到最好的产品,讨价还价已经成为必然。因此,作为一名销售员,一定要掌握应对价格异议的处理技巧。

(一)处理价格异议的步骤

第一步:主动谈及价格。当已经完成了产品的价值塑造,顾客还说"先考虑考虑",销售员应确定顾客是否喜欢这款产品,然后将顾客关心的核心问题对应的卖点逐一与顾客确认,当顾客都反馈满意时就要主动谈及价格。因为有些顾客不好轻易和销售员谈价格,觉得一进入谈价就要准备买下了,而他还没有做好买的准备;或者觉得这款产品价格太高了,自己买不起,但也不希望销售员知道自己的购买能力;或者顾客还在进行"货比三家"收集信息阶段，只是想了解产品的选购标准及各品牌的服务等，还没有到比价格、谈价格那一步。无论顾客处于一种什么的状态，销售员主动谈价格，都有利于销售流程向"成交"去推进。

> **销售话术**
>
> 销售员："您觉得这个价格怎么样？"
> 顾客1："哦，还能接受吧。"（这种顾客是非常少的）
> 销售员："很高兴您这么说，我们的产品性价比是很高的，让顾客的辛苦钱花得物有所值。那就现在下单吧？"（开始促单）
> 顾客2："价格太高了。"（进入下面第二步）

第二步：判断是预算问题，还是价值问题。若顾客回答"价格太高了"，那就要弄清楚他说的是预算问题，还是价值问题。若顾客觉得"买不起"，那就是超出顾客购买预算了；若顾客觉得"不值这个钱"，那就是产品的价值塑造不到位。做好判断后再有针对性地解决顾客问题。

> **销售话术**
>
> 顾客："价格太高了。"
> 销售员："我当然理解您对价格的关注。您是觉得这件产品的价格太高，还是它的花费超出了您今天的预算呢？"
> 顾客1："是价格太高了。"（进入下面第三步）
> 顾客2："超出我的预算了。"（跳到下面第四步）

第三步：为顾客重塑产品价值。若价值缺失是隐藏在异议下的真实原因，销售员应回到产品展示那个步骤，再深挖产品的价值点或服务的价值点，用价值塑造话术来向顾客重新塑造产品价值，让顾客觉得这个产品是值这个价钱的。

> **销售话术**
>
> 销售员："这款产品的神奇之处在于它使用的材质，采用的是天然环保的材质，无醛添加，不含任何有害物质，健康环保，能保证您及您家人身体健康，为了健康，多花点钱也是值得的。您觉得不是吗？"

现代销售技术

第四步：探询顾客的预算。若顾客的回答是超出了他的预算，接下来就是要探询顾客的预算问题。

> **销售话术**
>
> 顾客："超出我的预算了。"
> 销售员："我理解您的感受，的确装修要花不少钱，每分钱都要精打细算。今天您准备花多少钱？"
> 顾客："不超过2万。"

第五步：向顾客推荐价格更低的产品。销售员根据顾客的预算，为顾客寻找一款比他的预算略高10%～20%的产品。在向顾客展示低价产品的时候，最好将原来介绍那款产品的图片或样板也带在身边。在介绍的时候不需要对低价产品做任何的美化，只需问顾客"这个怎么样"，这会让顾客认为这件低价的产品价值远低于原来那件，毕竟原来那件产品销售员已经塑造了它的价值。相反，这件低价产品销售员还没有做任何的销售。若顾客回答说低价这款还可以，那么销售员就用产品价值塑造技巧为顾客介绍低价产品。若顾客回答说一般般，则可以多为顾客推荐两款。若顾客觉得都不是很好，那么要转回到第一次推荐的那款产品。

> **销售话术**
>
> **情景一**
> 销售员："您觉得这款怎样？"
> 顾客："还可以吧。"
> 销售员："是的，这款产品也挺好的。它的材质是……"
>
> **情景二**
> 销售员："您觉得这款怎样？"
> 顾客："一般般（或不好看）。"
> 销售员："这一款呢？"
> 顾客："也不喜欢。"
> 销售员："我明白了，其实还是最先为您推荐的那款最适合您了。超过预算的问题，我有一招可能帮到您。"（进入下面第六步）

第六步：提供分期付款等低额支付方式。若确定了是预算问题的话，便可以和顾客讨论付款方式的问题，以解决顾客的预算不足问题。付款方式可以让顾客刷信用卡消费、银行分期付款消费等。

> **销售话术**
>
> 顾客："还是原来这款比较合适，但它真是太贵了。"
> 销售员："我有一个主意也许能帮到您。我们可以选择分期付款，您只需付很小的一部分首付款，以后分期给就好。您愿意考虑吗？"

所以，当顾客觉得付款压力较大时，销售员不一定要在总额上下功夫，非要降价；可以从付款方式上妥协，这样顾客也较容易接受。提供灵活的支付方式供顾客选择，可让顾客感受到销售员的诚意，也从心理上释放一些付款压力，对处理价格异议有一定的帮助。

（二）价格异议的处理技巧

1. 先（多）谈价值，后（少）谈价格

价格只是代表了产品的货币价值，是产品使用价值的外在表现。除非和使用价值相比较，否则价格本身没有意义。因此，在销售过程中，销售员应避免单纯地与顾客讨论价格的高低，而必须从产品的使用寿命、使用成本、性能、维修、收益等方面进行对比分析，说明产品在性能、质量、服务上的价值优势。

事实上，"便宜"和"昂贵"的含义并不确切，带有浓厚的主观色彩，单纯考虑价格会造成顾客利益和价值的损失，如果加以合适的引导和比较分析，顾客对价格问题都会有全新的认识和理解。所以，销售员应通过介绍产品的特点、优点和带给顾客的利益，使顾客最终认识到，销售产品的使用价值是高的，价格是相对较低的。

> **销售话术**
>
> 顾客："你们家的地板一平方米比别人的贵了50多元呢。"
> 销售员："不同的地板品牌之间是没有可比性的，我们采用的是A级板材，别人家的是C级板材，我们采用的是11道环保生态漆，别人家使用的是普通的油漆，太多的不一样了。所以，要对比可以和我们旁边这款对比，目前您看中的这款性价比是最高的，您看，比旁边这款一样的便宜了50多元呢。"

2. 分开标价，化整为零

当顾客认为产品价格太高，一次性付款太困难时，销售员可以运用以下两个技巧进行处理：

现代销售技术

（1）分开标价。分开标价是指把一个整体产品里的所有功能、服务逐项和价格对应，告诉顾客每项功能或服务都能通过不同的价格体现；若顾客觉得哪项功能或服务自己不需要，则销售员可把该项去掉，从而减去这部分的价格，使得总价降低。

> **销售话术**
>
> 这份汽车保险的总额是3 600元，其中包含车损险1 250元，交强险980元，盗抢险450元，第三者意外伤害险（保额100万元）560元，车窗玻璃碎裂险120元，司机人身伤害险240元。如果您觉得太贵，那您看看这里面有哪些险种是您不需要的？我可以帮您去掉，或者第三者意外伤害险是否需要调低一下保额？

（2）化整为零。化整为零是指把较高的价格总额按照该产品的使用寿命或使用份额进行分摊，分摊后的价格就会比较容易让顾客接受。

> **销售话术**
>
> 我们的电动车价格是比其他厂家高10%，但我们的使用寿命却比他们长20%，您买一辆就可以用很久了。
>
> 这张沙发的标价是2 280元，但您仔细想一下，这张沙发可以用10年，一年有365天，平均下来每天只需6角钱，就可以享受到这么好的沙发，您不觉得很划算吗？
>
> 这盒面膜里一共有10片，总共98元，平均每片还不到10元；您每天花一顿饭的价格，就能慢慢地让皮肤变好，这是多好的事情呀。

通过这两种技巧，销售员可以让顾客更清楚地了解产品价格的构成，也更清楚产品的内在价值，从心理上降低对高价的抗拒，让"高价"变得有理有据。

3. 适当把握让步火候

在销售洽谈中，买卖双方免不了讨价还价。在遇到价格障碍时，销售员首先要注意不可动摇对自己的企业及产品的信心，坚持报价，不轻易让步。但如果运用了一系列处理方法都不成功，而销售员又非常希望能促成这次交易，则可以在最后做出适当的价格让步，如降价、打折、提供优惠或回赠礼品等。

第六章　处理异议

行家谈经验

敢于拒绝顾客

我曾经有一对两兄妹顾客，对产品花色都很满意，但就是一直卡在价格处成交不了。由于女士对地板有一定的了解，我就从最专业的角度去讲解地板的卖点又报了价，但她一听就说价格高；我又从卖点告诉他们为什么价格高，高在哪，有什么不一样的地方，但他们听完之后还是说价格高。通过进一步沟通，我知道了他们的心理价位，于是我报了一个略低于刚才的价格，但还是比他们心理价位高的价格，他们始终不认可，而且也不回头看我，女士还说："你这价格还是太贵，再便宜点吧，这样我们还能考虑。"我听顾客这样讲，觉得预期的成交价格跟现在的报价差距挺大的，心里就没底了；于是价格又降了两次，这时女士还了一个价格，比刚才他们的心理价位还要低很多。我犹豫了一下，还是说出了不能卖，但是顾客就是要求按这个价买。如果卖，我不挣钱；如果不卖，又流失了顾客。

后来我就折中给了顾客一个价，顾客说："那我再考虑考虑，明天给你一个准确的答复。"说着顾客就往外走，我也急了，连忙跟出去说价格真的没法再低了，然后我给他们讲产品的成本、费用花销和利润；边讲边观察到顾客似乎有点回心转意，我便赶紧把顾客拉回店里，最终签单成功。

其实顾客在不看我的时候就已经开始给我放烟幕弹，目的就是要让我先着急，然后再一步一步地探我的底价，加上我在还价的时候比较犹豫，让顾客抓住了空子。所以，有时候敢于拒绝顾客，不要一味地降价，也是成交中的技巧。

职业提示	以前的销售奉行"顾客是上帝"的说法，但事实上，顾客并不是上帝，销售员也不应无条件、无底线地讨好和满足顾客。在实际的销售过程中，销售员应有专业操守和道德底线，遵循正确的销售原则，在面对顾客砍价的时候，也要能够坚持价格底线，不能以低价先成交，然后以次充好，欺骗消费者。

4. 为顾客申请打折

（1）不用让顾客知道商家打折的频率。若顾客知道商家常年打折，就会觉得打折才是正常的，不打折就不正常。

销售话术

顾客："还能打折吗？"

销售员：我们店除了一年两次的大型促销活动，一般是不打折的，若您真看中了这款地板，我向经理申请一下，看能不能按照上次活动价的9折给您，您觉得可以吗？

（2）让顾客知道打折来之不易。打折要由顾客提出，销售员再去进行申请，申请下来的折扣，顾客才会珍惜；若销售员主动提出为顾客打折，顾客会觉得打折来得太容易了，不相信销售员给的折扣是最低的。

> **销售话术**
>
> 这款地板的价格已经很低了，真不能打折了，昨天有个顾客让我打电话给经理申请打折，我还被经理骂了。若您真看中了这款地板的话，这样吧，我说您是我的朋友，我再打电话给经理试试能不能打折，您觉得可以吗？

（3）就算知道不能打折，也要让顾客知道已经为他做出了最大的努力。顾客向销售员申请打折，并不一定期望能够便宜多少，他更希望确定他买到的是最低的价格及销售员对他请求的重视。

> **销售话术**
>
> 我们的地板对所有顾客都是同样价格的，真不能打折了。这样吧，若您真看中了这款，我打电话给经理看能不能申请到一些折扣，您看可以吗？

5. 赠品替代法

当销售员知道这款产品已经无法打折，但是还有活动礼品可以赠送的时候，可以使用这种方法。当顾客要求打折或降价的时候，告诉顾客价格已经是最低了，但可以为他申请礼品。

> **销售话术**
>
> 顾客："还能打折吗？"
> 销售员："不好意思啊，这款产品已经是最低价了。不过我们公司最近在搞促销活动，我问问领导看看能否送您一件礼品，如何？"

6. 移交销售法

若销售员发现顾客对自己不够信任，对销售员有明显的排斥心理，最好的做法就是移交给同事去销售。

第六章 处理异议

> **销售话术**
>
> 顾客："我不相信您给到我的是最低价。"
>
> 销售员："王姐，您看中的这款产品价格真的是最低了，我已经没有打折的权限。要不我让小王来接待您，他是我们经理的亲戚，说不定他能为您申请到折扣呢，您觉得可以吗？"

▶ 内容结构思维导图

▶ 本章的重点和难点

- 顾客异议的类型（真假异议、价格异议、需求异议、产品异议等）。
- 处理顾客异议的原则（尊重顾客、耐心倾听、永不争辩、及时反应）。

现代销售技术

- 处理顾客异议的方法（直接反驳法、利用处理法、补偿处理法、询问处理法、共情处理法）。
- 价格异议的处理技巧。

单元案例

一次成功的价格异议处理

一天我接待了一位进店的顾客，通过沟通了解，他的新房子在时代城，还没有开始装修。顾客看着我们店里的一款零醛高光大板的强化地板，直接问我多少钱。以下是我和顾客的一段对话：

顾客："你们这款地板多少钱一平方米？"

销售员："您真有眼光，这是我们这里卖得最好的一款。您知道为什么我们这款卖得那么好吗？"

顾客："您介绍一下。"

销售员："一是这款地板是国标12毫米厚的，其他很多品牌都是10毫米或11毫米的厚度，所以，我们这款地板的脚感更好，也更耐用。二是基材是MDI基材，胶都是医用树脂胶，环保等级达到E0级，是目前地板行业最高的标准，健康环保，不会释放甲醛等有害物质，能够确保您家人身体健康。"

顾客："那价格多少钱呢？"

销售员："目前活动价打完折后是198元一平方米。"

顾客："还是有点贵啊。我要半年后才会装到地板，我先考虑考虑吧。"

销售员："能理解您的想法，但地板属于木材做的，木材都是稀缺资源，加上工人工资也在上涨，以后会更贵，所以，您早点买下来是比较划算的。"

顾客："我看别人家的158元就可以买到了。"

销售员："的确有些品牌卖得便宜，因为地板的厚度、宽度、长度、环保等级都不一样，不同品牌的地板其实没有什么可比性的。您看，我们旁边这款除了漆面工艺之外几乎一样的，最低都要238元，相比之下，您看中这款是不是便宜很多啦？再说了，我们的地板最少也能用20年，您现在买100平方米，总价才19 800元，算到每一天才2.7元。别人家的虽然只要每平方米158元，但他们的最多只能用12年就坏了，您算起来每天最低要3.6元。您觉得买谁的更划算呢？"

顾客："这么算的话，的确买你们的划算。不过还是觉得贵了一点，能否帮忙申请打个折？"

销售员："198元已经是我们的活动价了，一般是不能再打折了，这样吧，您确定今天要定这款的话，我向领导申请一下。"

顾客："您能优惠一点今天就定。"

销售员："好的。我打电话给我们经理问问。"

（到旁边去打电话。）

销售员："不好意思啊，我们经理说了，这个价格的确是全国最低的优惠价了，我们可以价保1年，若后面降价了，可以双倍返还价差给您的。"

顾客："哦，那我再考虑考虑啦。"

销售员："不好意思啊，我能力有限，帮不到您。不过今天我们店长也在店里，我让他出来为您申请一下看看是否可行？"

顾客："好啊。"

店长："刚才我们的销售顾问小王已经告诉我您的情况，我也查了一下这款产品这两年的销售价格，的确198元是最便宜的了。这样吧，我申请送您一份价值499元的大礼包吧，一般要总价3万元以上才能送的，您看可以吗？"

顾客："那好吧。帮我下单吧。"

问题：

在对这个顾客的服务中，销售员用到了哪些一般异议的处理方法？用到了哪些价格异议的处理方法？

分析提示：

利用处理法、补偿处理法。先谈价值，后谈价格；化整为零；为顾客申请打折；赠品替代法；移交销售法。

单元自测题

1. 顾客异议产生的原因中，顾客方的原因包括（　　　）。
   - A. 顾客没有真正认识到自己的需求
   - B. 顾客缺乏产品知识
   - C. 顾客的偏见、成见或习惯
   - D. 顾客有比较固定的购销关系
   - E. 顾客缺乏足够的购买力
2. 顾客异议产生的原因中，销售方的原因包括（　　　）。
   - A. 销售产品的问题
   - B. 销售员的问题
   - C. 销售企业的问题
   - D. 顾客方面的问题
3. 处理顾客异议的原则包括（　　　）。
   - A. 尊重顾客
   - B. 耐心倾听
   - C. 永不争辩
   - D. 及时反应
4. 下列处理异议的方法中，需要用到逆向思维的方法（　　　）。
   - A. 利用处理法
   - B. 补偿处理法
   - C. 询问处理法
   - D. 共情处理法
5. 价格异议的处理技巧包括（　　　）。
   - A. 先谈价值，后谈价格
   - B. 分开标价，化整为零

C. 适当把握让步火候　　　　　　D. 赠品替代法
E. 移交销售法

6. 根据顾客异议的成因分类，以下不属于的是（　　　）。
   A. 价格异议　　　　　　　　　　B. 需求异议
   C. 产品异议　　　　　　　　　　D. 服务异议

7. 处理异议的一般方法中，适用于处理由于顾客的误解、成见、信息不充分等导致的有明显错误、漏洞或自相矛盾的异议的处理方法是（　　　）。
   A. 直接反驳法　　　　　　　　　B. 利用处理法
   C. 补偿处理法　　　　　　　　　D. 询问处理法

8. 补偿处理法适用于（　　　）。
   A. 真实、有效的异议，以及由于不能控制的因素所产生的异议
   B. 产品存在明显缺陷，顾客只有单一异议，真实有效的异议
   C. 顾客异议是借口，真实原因销售员甚至顾客也不清楚
   D. 处理由于顾客的误解、成见、信息不充分等导致的有明显错误、漏洞或自相矛盾的异议

9. 共情处理法的处理步骤按照正确的顺序排序是（　　　）。
   A. 共情　　　B. 回答　　　C. 反问　　　D. 提问
   E. 转移

10. 为顾客申请打折的技巧包括（　　　）。
    A. 不用让顾客知道打折频率
    B. 告诉顾客产品经常打折
    C. 顾客知道打折来之不易
    D. 就算知道不能打折，也要让顾客知道已经为他做出了最大的努力

单元实训

【实训背景】

销售员："这款相机质量轻，体积小巧，易携带，不仅可以拍照还兼备影音播放功能，可直接用于电脑、打印机等数码产品上，它的生产商是三星公司旗下的一家分公司。"

顾客1："我朋友以前也有一款这样的相机，但他现在用的是另外一个品牌。"

顾客2："就是这款相机，太微型了，我朋友前些天刚丢失了一台。"

顾客3："我的一个朋友拿着这款相机，差点被别人认为是儿童玩具。"

上面是一位售卖数码相机的销售员和三位顾客的对话，请以小组为单位进行角色扮演，将处理过程演示出来；并运用本章所学的异议处理方法进行处理，最后指出你运用的是哪种方法。

第七章 促单成交

教学导航

◎ 知识目标

◎ 了解成交的定义与原则
◎ 熟悉成交信号的识别
◎ 掌握促单成交的策略与方法

◎ 能力目标

◎ 能阐述成交的定义与原则
◎ 能够识别不同的成交信号
◎ 能运用所学的策略与方法促单成交

M公司是一家大型的零部件生产公司,该公司研发出了一种新型的零部件,较过去的产品有很多性能上的优势,价格也不算高。销售员张庆十分勤奋,沟通能力也非常不错。公司让张庆立刻联系了几个老顾客,他们都对新型零部件产生了浓厚的兴趣。

其中,有一家企业的采购部主任表现得非常热情,反复向张庆咨询有关情况。张庆详细、耐心地解答,顾客频频点头。双方聊了两个多小时,十分愉快,但张庆并没有向顾客索要订单。他想,顾客对产品的了解尚不透彻,应该多接触几次再下单。

几天后,他再次和顾客联系,补充了上次遗漏的一些优点,顾客非常高兴,就价格问题和他仔细商谈了一番,并表示一定会购买。此后,顾客多次与张庆联络,显得很有诚意。

为了进一步巩固顾客的好感,张庆一次又一次地与顾客接触,并逐步与顾客的主要负责人建立起了良好的关系。他想:"这笔单子肯定是十拿九稳了。"

然而,半个月过去了,顾客的热情却莫名其妙地慢慢降低了。再后来,顾客还发现了他们产品中的几个小问题。如此拖了近一个月后,这笔就要到手的订单就这样流失了。

讨论:张庆失败的主要原因是什么?

促单成交是销售的"临门一脚",这次销售是否成功,靠的就是促单工作是否能做好。从上述案例可以看出,成交时机非常重要。很多销售员之所以得不到订单,并不是他们不努力,而是因为他们不懂得捕捉和识别顾客的成交信号的方法。他们对自己的介绍缺乏信心,总希望能给顾客留下一个更完美的印象,结果反而失去了成交的大好时机。

第一节 成交概述

作为一名销售员,不但要有强烈的成交欲望,还需要懂得识别顾客成交的信号,掌握促单的方法,才能有的放矢,完成签单。当顾客已经准备成交,就应该全力推动;当顾客发出成交信号时,就必须立即停止对产品的介绍,使用促单方法,索要订单。

一、成交的含义

成交,顾名思义,就是达成交易,是指促使顾客接受销售员的购买建议,采取购买行为的过程。销售的目的就是为了成交,成交是销售洽谈所取得的最终成果,是洽谈的延续。

成交可以分为几个阶段，每个阶段的达成，都是销售的成功。第一阶段，获得顾客的成交意向，签署备忘录。第二阶段，与顾客签订销售合同。第三阶段，收到顾客定金。第四阶段，完成首批产品的交付，收回货款。第五阶段，完成全部产品交付，并完成验收，顾客满意，收回剩余货款。作为一名销售员，特别是刚刚从事销售工作的人员，不要以第五阶段来定义自己的销售是否有效，而给自己施加过多的压力，其实，每一阶段的达成，都是一种成功。

二、成交的原则

（一）主动

一项调查结果显示，有71%的销售员未能及时地向顾客提出成交要求。很多销售员，与顾客联系得非常紧密，产品解说得也非常好，就是不知道或不敢向顾客提出成交要求。他们往往认为，如果顾客需要产品，就会主动提出来。事实上，经调查只有3%的顾客会主动向销售员提出成交要求，其余97%的顾客需要销售员请他们购买。因此，销售员在成交时必须主动出击，请求成交。

销售小知识

成交七准则

（1）以明确的语言请求成交。
（2）用一种顾客难以生硬拒绝的方式来请求成交。
（3）在销售员提出成交请求后，应停下来等待顾客答复，在此之前不要讲一句话。
（4）如果顾客不购买，照样继续销售。
（5）使顾客相信，购买是一项明智的决策。
（6）直到顾客不想再购买任何东西，销售员不要停止销售。
（7）对于成交的顾客要反复致谢。顾客应收到三种方式的感谢：销售之后立即用语言表达；24小时之内通过电话、网络表示感谢；在以后的交往中经常表示感谢。

（二）自信

美国销售大师谢菲洛说："成交的最后关头，自信是绝对必要的成分。"自信具有传染力，当销售员自信时，顾客也会坚定购买信心。因此，销售员要以大胆、自信的口吻向顾客提出成交要求，不可支支吾吾、犹犹豫豫、吞吞吐吐。

（三）坚持

在成交过程中，销售员往往会听到很多拒绝的话。有很多销售员在遭到顾客拒绝后就直接放弃了，匆匆忙忙去敲下一位顾客的门。据统计，有64%的销售员没有多次向顾客提出成交要求，这是非常不明智的行为。美国有研究表明，销售员在获得订单之前，平均要被拒绝6次；也就是说，如果没有6次的坚持，也就不会有第7次的成功。因此，坚持很重要。

> **职业提示**
>
> 　　持之以恒是中华民族一种可贵的精神和品德。每个人在向人生的理想目标挺进的过程中，都难免会遇到各种阻碍和困难，此时最难能可贵的便是持之以恒。持之以恒需要毅力，尤其销售工作非常艰辛，付出和收获也往往不成正比；缺少毅力的销售员往往就会在中途放弃了，只有坚持不懈，吃苦耐劳的人才能在最后取得成功。因此，销售工作尤其需要坚持的精神。

三、成交信号的把握

　　成交的信号是从与顾客的沟通中识别出的，可以从顾客的语言中获取，也可以从顾客的表情里读懂，还可以从顾客的动作中获得。作为一名销售员，应该要有敏锐的洞察力，能够及时了解顾客的内心变化，从和顾客交流的只言片语中，及时识别出顾客准备成交的信号，然后进行促单。一般来说，成交信号可以分为语言信号、表情信号和动作信号。

> **同步案例　善于发现购买信号**
>
> 　　有一个销售商务通的销售员，拜访了一家公司的某位副总。销售员向顾客展示产品，并介绍了商务通的多种用途。比如说，可以把名片都存储进去，不需要再随身携带。解说到这个地方的时候，顾客说："我的名片有好几盒，那得需要多长时间才能输完？"
>
> 　　一般销售员可能会把顾客的这个提问当作顾客异议，认为顾客嫌产品功能不适用，太麻烦，认为顾客在找借口推托。而这个销售员不这么认为，他认为顾客的提问就是一个购买信号，他就采用假设成交法，向顾客试探提出成交要求：
>
> 　　"王总，您介不介意把您所有的名片让我带回去，我给您都输好？"
>
> 　　不料对方答应了。销售员就把名片带回家，连夜输完了。第二天，他带着已经输完了名片的商务通，以及销售发票，再来拜访这位副总。生意成交了。
>
> 　　**点评**：要善于发现购买信号，并及时进行促单。该销售员就是抓住了顾客认为太麻烦这个成交信号，假定他已经购买后的情形——输入名片信息，而且销售员解决了顾客的"麻烦"，从而达成交易。

（一）语言信号

　　从顾客与销售员的交谈中，可以获取对成交有用的信号，从而使用促单的技巧，达成交易。若在交谈中，顾客提出以下问题，就可以判断顾客有成交的意向。然后，就可以进入促单的环节。

1. 问送货

　　对于大件产品来说，送货是必需的服务，无论是免费送货，还是收费送货，都是必须帮顾客解决的问题。若顾客提及"送货"方面的话题，就证明他已经有购买的意向。例如：
- 问题1：包送货吗？
- 问题2：货最快什么时候送？
- 问题3：我下个月就要安装了，能不能送到？

当顾客提及以上类似问题的时候，销售员只需要告诉顾客送货的时间安排，就可以促单了。例如：您的产品明天就可以发出，后天就能送到。为了能够按时为您送到，您赶紧下单吧，这样我们就可以马上安排仓库备货，安排送货司机了。

2. 问保修

保修是耐用品必须考虑的问题。若是一次性用品、日用品等，就不会存在保修问题。当顾客问到保修方面的问题，顾客是想事先了解更多的服务，以免日后有使用的麻烦。例如：
- 问题1：你们的产品保修多久？
- 问题2：别的牌子有整机保修3年的，你们的呢？
- 问题3：能介绍一下你们的保修范围吗？

当顾客提及以上类似问题的时候，销售员要根据公司的标准，给予顾客及时的回答，解决顾客对售后保修方面的疑虑，同时也开始进行促单。例如：我们的产品也是整机保修3年的，还采用了"二八快速"响应机制，接到维修电话后，2小时内给予回复，8小时内上门服务。买我们的产品，您完全可以放心。您就定这款吧！

3. 问安装

对于大件的产品，或对技术要求高的产品，都需要提供安装服务。一般安装可以分为收费的和免费的。例如：家电的安装基本都是免费的，安装费用已经包括在价格里了；家居建材的安装基本都是收费的，由于有不同的安装方式、需要用到不同的辅助材料等，都需要顾客去选择。无论是免费安装，还是收费安装，当顾客和销售员探讨这些问题的时候，就代表其已经有购买的意向，例如：
- 问题1：包安装吗？
- 问题2：能介绍一下安装方式吗？
- 问题3：别人家是免费安装的，你们的呢？

当顾客提出类似问题的时候，表示顾客对安装服务方面十分关注。此时，若能突出销售的产品与竞品不一样的优势，就能迅速获得顾客的欢迎，有利于促单成交。

4. 问付款

当顾客问到付款问题，其实表明顾客已经有了强烈的成交欲望，并且对产品的价格是接受的。例如：
- 问题1：可以用信用卡/支付宝/微信支付吗？
- 问题2：能不能先付定金啊？
- 问题3：货款能分几期支付？

对于类似以上的有关付款的问题，销售员要马上做出反应，例如：若顾客愿意马上付款的话，拿出刷卡机或二维码，让顾客付款。付完款之后，再和顾客沟通订货单、合同细节方面的问题都可以。对于已经付了款的顾客，他对订货单、合同的细节就不会那么认真地考虑，更有利于促单成交。

5. 问保养

保养是顾客购买后非常重要的环节，包括顾客的日常使用保养、商家的定期上门保养服务。特别是大件产品的保养服务，尤其重要，如精密仪器、家电、家具、建材、汽车等。例如，顾客购买地板的时候，一般会问以下问题：

➢ 问题1：需要特别的保养吗？
➢ 问题2：日常使用要做哪些方面的维护呢？
➢ 问题3：你们多久上门帮忙保养一次？

顾客提到以上类似问题的时候，销售员要积极做出回应。这些问题是强烈的成交信号，其实顾客在关注购买后的使用是否复杂，是否要付出更多的保养维护成本，是否能够享受更多的厂家保养服务。销售员若能提供比竞争对手更有优势的保养服务，就能获得顾客的签单。例如：一般汽车品牌提供3年或10万公里的免费保养服务，若能提高至5年或15万公里的免费保养服务，就比竞争对手有优势，更能促单成交。

6. 问售后

售后是顾客在成交前必问的问题，好的售后能够解决顾客的后顾之忧，能够起到促进顾客成交的作用。顾客常问的售后问题有：

➢ 问题1：产品出现了问题怎么办？
➢ 问题2：能介绍一下售后质保范围吗？
➢ 问题3：若买少了是否还可以以这个价格补货？

类似这些问题显示了顾客对售后的关注，也是顾客想成交的信号。抓住顾客对售后问题的关注，及时给予回应，能够起到促单成交的作用。

7. 谈价格

若顾客只是问问价格，那并不代表顾客有购买意向，但顾客和销售员就价格方面的问题反复沟通，并表示希望价格更低一些，就是有成交意向的信号。例如：

➢ 问题1：假如我购买，您能以什么价格给我？
➢ 问题2：打九折也太贵了，能否打八折？
➢ 问题3：我的预算是×××元，你们的报价也太高了。

类似这些问题都是顾客在下决心购买前的最后沟通，希望能以最低的价格购买到该产品。此时，销售员要做的就是想办法促成这笔交易。

8. 询问他人意见

顾客当面咨询随行的朋友，打电话询问家人或他心目中的专家，请关键人物出场，或介绍相关人物介入会谈等，都表示顾客想了解更多人的意见，达成这笔交易。例如：

➢ 问题1：你觉得这件衣服适合我吗？
➢ 问题2：你比较内行，能给我点意见吗？

类似这些问题表示顾客对购买这件产品的决策不够自信,想获得更多的意见,以印证自己的想法,减少购买决策的风险。此时,销售员应该从专业的角度给顾客更多的建议,促成交易。

> **行家谈经验**
>
> ### 在安装工地完成一张新订单
>
> 我是N地板品牌的安装师傅,其实我也是一名销售员,因为我们老板要求全员营销,所以,我会特别留意装修的细节,以优质服务来赢得业主的带单。
>
> 有一次,我在小区里给顾客安装,我们的安装要求比较高,每一个环节都用心去做。在地板安装到一半时,业主来了,还带来了他的朋友及家人,他们左看右看,检查我们安装的质量。我们有条不紊地进行安装,我偷偷看看业主的表情,他在点头,然后又问他家人这地板颜色怎么样,安装效果怎么样,我看到他家人在微笑,说"很好"。我想我们干的活儿已经得到了业主的肯定,我的心里顿时也有些小小的激动。
>
> 在业主临走时,我又听到一个好消息,他的朋友说:"我家也定N品牌的,怎么样?"看来,业主的朋友也被我们的安装技术打动了。业主说:"N品牌的还可以,安装也行。你就定N品牌的吧。"听到他们的对话,我知道有订单要上门了,我就站起来对业主的朋友说:"您要定我家的地板,可以先加我微信,我帮您推荐一下,同时,我也能够给您更专业的安装服务。"业主的朋友很爽快地就加了我的微信。
>
> 一个星期后,业主的朋友和我约了时间,说来店里看看,通过现场销售员的介绍,顾客很快就下了订单。

(二)表情信号

人的表情就是心理活动的外在表现,通过顾客的表情能够读懂或识别顾客内心的想法,从而及时进行促单,完成交易。下面介绍顾客常见的有成交意向的表情。

1. 眼睛

俗话说,眼睛是心灵的窗户,观察顾客眼睛、目光的微妙变化可以洞察先机。当顾客目光在产品上逗留的时间变长,眼睛发光,神采奕奕时,表明顾客对销售员介绍的产品感兴趣;眼睛转动速度由慢变快,眼睛发光,腮部放松,表示顾客已经从内心接受了销售员和他推荐的产品;当顾客身体靠在椅子上,眼睛左右环顾后突然直视销售员的时候,说明他在下决心。

2. 脸部

当顾客由咬牙、沉腮变得表情明朗、放松、活泼、友好的时候,表示顾客对产品感兴趣;当顾客表情由冷漠、怀疑、拒绝变为热情、亲切、轻松自然时,表示顾客由拒绝产品变为对产品感兴趣;脸部表情从无所谓、不关注变得严肃或者沉思、沉默,说明他在往心里去,可能由于下决心不容易,才有沉思和严肃。

3. 头部

在销售员讲话的时候，顾客认真观看有关的视频资料，并频频点头，说明顾客对销售员的介绍已经接受；顾客用手托住头部，进入思考的状态，表示顾客在做决定。

4. 态度

态度由冷漠、怀疑变得自然、大方、亲切，也说明顾客对销售产品的接受；当顾客开始认真地观察产品，听销售员介绍产品，若有所思地把玩产品，表示对产品非常有兴趣时，很可能他内心正在盘算怎样成交；顾客由倾听到给销售员倒水等，说明顾客已经接受了销售员及其推荐的产品。

（三）动作信号

1. 由静变动

在动作上有抄手、抱胸等静态的戒备性动作，转向"东摸摸、西看看"的动态动作，至少说明顾客有了购买的意向。

2. 由紧张到放松

顾客在决定购买前，心里大都比较紧张，有一种购买前很难决策的焦虑和不安，一旦顾客确定下来，心里一般就如释重负，在行为动作上自然会表现出放松的状态。如坐着的顾客突然跷起二郎腿，动作放松。

3. 看顾客的双脚

顾客的双脚可能透露顾客真实的购买意愿。当顾客说："你不降价，不给我优惠，我真得走了啊。"上身已经有转身的意思，但顾客的双脚还冲着想买的这款产品时，说明顾客还是在测试销售员的价格底线。

4. 看坐姿的变化

如果顾客原来是坐在椅子上身体后仰看着销售员，现在直起身来，甚至身体前倾，说明原来对销售员的抗拒和戒备变成了接受和迎合。

行家谈经验

"观察"带来的订单

一天，我在盯着商贸城大门口时，发现了一辆车牌很"尊贵"的丰田"霸道"缓慢地开过来，司机眼睛总是在看四周。我就马上锁定目标，看看他把车停哪里了，就马上跟上去，等他停好刚下车，我就问："哥，您房子装得怎么样了。"他面无表情地来了一句："你怎么知道我在装房子？"我就说："看您这车牌这么好，还开这么慢，估计就是来看建材的。"他说："你还真会观察。"

我继续问："哥，您还差些什么？"他回答："我们只把瓷砖、橱柜、卫浴定了。今天先去看看橱柜的设计效果图。"我说："反正已经到我店门口了，也不急那么一时啦，先进来喝杯茶，一会我带您去那个橱柜的门店。"

第七章 促单成交

他进到店里,浏览了一遍我们店里的实木地板,我看到他盯着一款二翅豆看,眼睛放光,面露悦色。我判断他应该比较喜欢这款地板。我具体介绍了二翅豆的好处,他听得很认真,身体微微向前倾,并拿过我手中的板头,左瞧瞧,右看看。问我:"这款多少钱?"我判断,他一定是看中这款了,我说:"活动价468元一平方米。"他说有点贵了,能否再优惠点。我们通过了几轮的沟通,最后以418元的价格成交了。

作为销售员学会观察非常重要,要从顾客的动作、表情等识别顾客要成交的信号。我从顾客开车的速度、眼神,判断出顾客有需求;从顾客盯着地板的眼神,读懂了顾客喜欢这款产品。

第二节 成交策略与合同签订

当识别到顾客的成交信号之后,要马上开始进行促单。那么就需要掌握具体的促单策略与方法,促进交易的达成,并顺利签订合同或订货单。

成交策略

一、成交策略

在关键时刻,促单的技巧很重要,销售员可以单独使用任意一种技巧(适合于用一种技巧就能达成交易的情况),也可以多种技巧混合使用(多种技巧同时使用在同一个顾客身上),也可以逐个使用(一个技巧不行,换一个技巧,直到成交为止)。

(一)小狗成交法

小狗成交法又称先用后买法,就是先使用后付款的一种非常常用的成交法。只要方便,销售员就应该把产品留给顾客,为其提供一个试用的机会。有统计表明,如果准顾客能够在实际承诺购买之前,先行拥有该产品,交易的成功率将会大为增加。

销售小知识

小狗成交法的来历

一位妈妈带着孩子来到一家宠物商店,孩子非常喜欢一只小狗,妈妈不太想买,店主就对孩子说:"如果你喜欢的话,就把这个小狗带回去过个周末,相处两三天再决定是否购买;如果你不喜欢,把它带回来给我就可以了。"几天之后,妈妈想把小狗送回宠物店,但孩子又哭又闹,最后妈妈没办法,又来到了宠物商店买下了这只小狗。

后来,很多商家都明白了把产品给顾客试用的好处,渐渐仿效宠物商店的做法,取得了不错的成效。于是,这种方法便被称为"小狗成交法"。

(二)选择成交法

选择成交法往往会将成交隐藏在给顾客选择的背后,在顾客看来销售员切实为自己着想,为自己提供选择方案,而不是强行推销,往往更能令顾客接受,从而达成交易。销售员在运用选择成交法的时候,需要巧妙安排选项,无论顾客选择哪个选项,对销售员都是有利的,不能出现陷入对自己不利境地的情况。

> **销售话术**
>
> 话术1:您是想买这款呢,还是那一款呢?
> 话术2:您是先买两件呢,还是买三件呢?
> 话术3:您是买单品呢,还是买套餐呢?
> 话术4:给您送到家里,还是办公室呢?
> 话术5:您是刷卡、现金,还是微信支付呢?

在运用选择成交法的时候,作为销售方,应注意给顾客提供多个可选择的选项,例如支付方式,既然要让顾客选择,则提供的支付方式应包括现金、刷卡、微信、支付宝等尽可能多的方式。有多种方式供顾客选择,才能最大限度地增加顾客成交的可能性。

> **同步案例** 选择的重要性
>
> 一位年轻人来到一家快餐店,说:"老板,一份厨师沙拉。"老板认出他来,调侃着说:"每天都吃厨师沙拉,你不腻呀?"年轻人不好意思道:"是给我女朋友买的,一直都买这个,她也没说不爱吃。""她是没说出来,你怎么知道她不想尝尝新东西呀?"老板一边说一边向他推介另一款产品:"炸鱼薯条呀,很好吃的。"年轻人犹豫:"万一她不喜欢吃怎么办?"老板笑道:"那你就买一份厨师沙拉,再买一份炸鱼薯条呀,加起来才几十块钱,让她有个选择不好吗?"年轻人接受了老板的建议。
>
> 第二天,年轻人又来了,进来就说:"老板,一份炸鱼薯条。"老板说道:"是不是,我早说她会爱吃的。""就是呀,不喜欢吃厨师沙拉也不说。"年轻人自言自语。老板继续说:"你又没让她选择,有选择她自然就会说话了。反正换口味,今晚尝尝比萨吧。"年轻人又犹豫了,说:"比萨?不知道她喜不喜欢。""还是那一招,一份炸鱼薯条,一份比萨。多花几十块罢了。"老板继续出谋划策。
>
> 年轻人欣然答应。
>
> **点评**:提供给顾客的选择内容,无论顾客最终怎样做选择,一定是对销售员有利的。如以上的快餐店老板,第一次,在顾客选择了"厨师沙拉"的选项上,增加了"炸鱼薯条"的选项,第二次增加了"比萨"的选项,都是诱导顾客买更多的产品。就算顾客的最终选择还只是"厨师沙拉",对快餐店也是有利而无害的。

第七章 促单成交

（三）试探成交法

当销售员和顾客沟通比较顺畅，觉得顾客也没有什么疑问或抗拒心理的时候，应该马上进入"试探成交"。据消费者心理学显示，有较多顾客都是顺从型的，他们容易听从销售员的引导，从而做出成交决定。试探成交需要销售员有自信地提出成交的请求，试探顾客是否已经做出了购买决定。

> **销售话术**
>
> 话术1：您就买这款吧，太适合您了。
> 话术2：那么好的产品，那么实惠的价格，您就买下它吧。
> 话术3：我觉得这款太适合您了，我先帮您包起来啦。

（四）从众成交法

从众成交法就是利用顾客的从众心理进行成交的方法。心理学研究表明，95%的人都喜欢模仿别人的行为，人们在判断何为正确时，会根据多人的意见行事；看到多人在某种场合做某事，会断定这样做是有道理的。那么，销售员在促单的时候，突出产品的受欢迎程度、销量情况、顾客好评度等内容，能够打消顾客的疑虑，从而促进顾客下单。

> **销售话术**
>
> 话术1：这是很多人喜欢的爆款，这几个月都卖疯了。
> 话术2：渲染销售火爆氛围，如在促销现场宣读已经成交顾客的情况："恭喜王先生成功订购零醛系列产品，成交金额5万元；恭喜刘先生……"
> 话术3：这是今年春季最流行的款式，像你们这些年轻人都喜欢。

（五）稀缺成交法

当看到顾客似乎很喜欢这件产品，但由于某些方面的原因犹豫不决，迟迟不肯下单时，可以使用稀缺成交法，如促销时间稀缺、产品稀缺、赠品稀缺、服务稀缺等。

> **销售话术**
>
> 时间稀缺：王姐，您挺有眼光的。这款产品真是挺好的，我相信您老公也会喜欢的。这个促销价过了今晚8点就恢复原价了，离活动结束还有最后一个小时了，我建议您还是现在下单吧。
> 产品稀缺：这款美国红橡现在货源供应紧张，仓库只剩下200平方米了，我建议您现在下单定了吧，如果卖完就没这个产品啦。
> 赠品稀缺：现在已经活动价啦，有史以来最实惠的价钱了，并且赠送的礼品也是只在这

> 次活动才送的,现在剩下最后一个旋风拖把啦。我一起把它写在您的订单上怎样?
>
> **服务稀缺:** 您真的不用犹豫啦,这次活动不但价格实惠,现在下单还可以为您提供免费的送货上门安装服务,价值888元的两年免费上门保养服务。您若是明天过来买的话,送货上门安装及保养都是需要收费的,要多付好多钱呢。

(六)假设成交法

若顾客和销售员交流时极少或没有抵触情绪,销售员可以尝试使用假定成交法。假定顾客会购买他正在考虑的产品,然后,销售员拿出一张订货单,询问顾客的个人信息,如姓名、地址、送货时间等。如果顾客毫不犹豫地将这些信息告诉销售员,那就成交了。

销售话术

情景一:
　　顾客:我觉得这款挺不错的。
　　销售员:您的眼光挺好。您再看看这些辅料,我先帮您下单。

情景二:
　　顾客:这款灰色系的地板挺流行的,我看邻居家铺的也是这种。
　　销售员:(拿出订单)您也定这款吧,麻烦您告诉我您的送货地址及安装时间好吗?

像以上的话术,当销售员觉得顾客有成交意向的时候,就先假定顾客已经要成交了,帮顾客进行下单,往往顾客就会顺着销售员的思路进行下单。

销售小知识

生活中的假设成交

(1)长途汽车站、火车站售票窗口都有一个大的字条:"保险自愿,不买请声明",而不是写"购买请声明"。

乘客的购买习惯一般是随大流,不愿搞特殊化,也不想多说话,因此售票员递出的一定是车票连同保险单,不声明就视同购买。

(2)汽车加油站的服务员每次跑过来都热情地对你说:"先生,给您加满吧?"而不是说:"先生,加多少?"

加油是一个相对比较重复的购买行为,对于常客的销售,销售员可占据主动,直接提出成交假定,如果顾客不反对,买卖就成了。

(七)总结利益成交法

总结利益成交法即销售员在销售洽谈中记住准顾客关注的主要特色、优点和利益,在成交中以一种积极的方式成功地加以概括总结，以得到准顾客的认同并最终取得订单的成交方法。该方法的好处是将销售过程由产品解说、利益介绍等前期阶段有效地向成交环节推进。因此，该方法在实务中很受欢迎。销售洽谈中确定顾客关注的核心利益，总结这些利益，做出购买提议。

> **同步案例** 总结利益成交法的应用
>
> 在一次销售洽谈中，一位商店女经理向销售员暗示了她对产品的毛利率、交货时间及付款条件感兴趣。以下是她们之间的对话：
> 销售员：张小姐，您说过您对我们较高的毛利率、快捷的交货及付款方法特别偏爱，对吧？（总结利益并试探成交）
> 女经理：我想是的。
> 销售员：随着我们公司营销计划的实施，光顾你们商店的顾客就会增加，该产品的销售必将推动全商店的销售额超过平常的营业额，我建议您先购买2万个。未来两个月内足够大的市场需求量，必将给您提供预期的利润，下周初我们就可交货。
> **点评**：该销售员在和顾客沟通的时候，时刻记住顾客感兴趣的利益点，最后总结了顾客最看中的三点，进行促单。

（八）小点成交法

小点成交法是指销售员利用交易活动中的次要方面来间接促成交易的成交方法。如果销售员一开始向对方提出一个大的要求，会把对方吓跑。销售员的策略应该是，从小处着眼，一步一步拿下订单。

（九）附加销售成交法

这是销售促单的黄金法则，因为它在试图卖掉主要产品的同时，还试图销售更多的附加品。这种方法的实质其实是不断挖掘顾客需求，让客户购买更多。很多顾客对于首次接触的消费，自己到底需要什么几乎没有什么概念。当销售员不断附加相关产品的时候，就是在挖掘顾客的需求。

> **销售话术**
>
> 顾客：我觉得这款沙发还可以。
> 销售员：的确挺好的，还有旁边这款茶几是和它配套的，我将它一起写在您的订单上好吗？

但是，销售员随意附加东西给顾客进行试探成交，容易将顾客吓跑。所以销售员在运用该方法时要遵循一些原则及说话技巧，循序渐进，才能让顾客更容易接受。附加销售的原则包括：①从附加1件产品开始；②从附加相关产品开始；③从附加便宜产品开始。

现代销售技术

销售话术

第1步：假设购买（提出试探成交）——"您选择的这款××"
第2步：使用增强效果的形容词——"若配上这款'极其般配'的"。
第3步：附加产品——"××产品"。
第4步：必须拥有——"那就太完美了"。
第5步：成交请求——"我将它一起写在您的订单上好吗"。
话术举例：您选择的这款地板若配上这款色系"极其般配"的"实木踢脚线"，那就太完美了，我将它一起写在您的订单上好吗？

同步案例 小点成交法的应用

小王毕业后在一家五金店上班，入职第一天，就成交了该店当天最大一份订单。第二天早会，老板让小王分享其销售经验。小王说："这个顾客是一个去市场买菜路过的大爷，我和他说，今天是我第一天上班，希望他能够成为我的第一个顾客，帮忙买点东西，哪怕是一颗钉子也可以。"

大爷很乐意地从我这购买了一颗钉子。

我问大爷："这颗钉子，您会用来干什么？"

大爷说："我有个相框，一直想挂到墙上，但没有钉子，我今天终于可以将相框挂上墙去了。"

我问大爷："您家有锤子吗？"

大爷说："还真没有。"

我说："这个锤子大小适中，很适合您使用，要不要买一个？"

大爷又买了一个锤子。

然后，我问："您家的墙壁是什么材质的？"

大爷说："是水泥墙。"

我说："水泥墙最好先用电钻打孔，然后塞木塞，将铁钉打在木塞子上面才够牢固。您需要买个木塞和电钻。"

大爷又买了一个木塞和电钻。

我又问他："您这个相框准备挂多高？"

大爷比画了一下，说："大概有2米高。"

我说："这个高度有点高了，您站在椅子上都够不着，为了安全起见，您最好买一把人字梯。"

大爷点点头同意了我的建议。

我说："您买的锤子、电钻等工具，最好有个专用的箱子装起来，这样不但能将这些工具保护好，平时寻找也方便。"

大爷想想我的话也很有道理，又买了一个工具箱。

就这样通过不断地挖掘大爷的需求，大爷最终买了：钉子、锤子、木塞、电钻、梯子、工具箱等。

点评：销售员小王先向大爷请求一件他非常容易做到的事情——买一颗钉子，从而一步步深入，最后成交了当天最大一份订单。在销售时可以先从小处着眼，慢慢推进，更能达成大的成交。

二、销售合同的订立与履行

销售合同是指平等主体的自然人、法人、其他组织之间设立、变更、终止民事权利义务关系的协议。当销售员与顾客达成交易后，双方往往会签订销售合同。一份销售合同签订得好坏，不仅关系到销售员的个人经济利益，同时会牵连到企业的经济效益。所以，合同的签订一定要慎之又慎。

（一）销售合同的签订原则

销售合同的签订应遵守平等互利、协商一致、等价有偿、诚实信用的原则。这些原则在销售合同关系中的具体体现是：双方当事人在法律地位上是平等的，所享有的经济权利和承担的义务是对等的。双方的意思表示必须真实一致，任何一方不得把自己的意志强加于对方，不允许一方以势压人、以强凌弱或利用本身经济实力雄厚、技术设备先进等优势条件，签订"霸王合同""不平等条约"，也不允许任何单位和个人进行非法干预。销售合同的双方当事人，应诚实遵守合同的规定，积极履行合同，稳定地开展工作，为提高自己的信誉而努力。

> **职业提示**
>
> 契约精神是一种自由、平等、守信、救济的精神。新时代的契约精神强调市场经济法律制度要以保护产权、维护契约、统一市场、平等交换、公平竞争为主要方向，对我国社会主义法治国家的构建和社会主义市场经济的良性运转都有着积极作用。销售员在签订合同时必须遵守契约精神，买卖双方在自愿平等、互惠互利、诚实守信的基础上进行交易。

（二）销售合同的签订程序

销售合同的签订是一件非常重要的事情，合同签订得好坏，关系到企业的兴衰。所以销售员在签订合同的时候，要同顾客就合同的内容反复协商，达成一致，并签订书面合同。同时，做到彼此满意，形成双赢。销售合同的签订程序具体可概括为两个阶段：要约和承诺。

1. 要约

这是当事人一方向另一方提出订立销售合同的建议和要求。提出要约的一方称为要约人，对方称为受约人。要约人在要约中要向对方表达订立销售合同的愿望，并明确提出销售合同的主要条款，以及要求对方做出答复的期限等。要约人在自己规定的期限内，要受到要约的法律约束；如果对方接受自己的要约，就有义务同对方签订销售合同；就特定物而言，不能向第三者发出同样的要约或签订同样内容的销售合同，否则承担由此给对方造成的损失。

2. 承诺

这是受约人对要约人提出的建议和要求表示完全同意。要约一经承诺，即表明双方就合同主要条款达成协议，合同即告成立。承诺应在要约规定的期限内做出，要约中没有规定期限的，应按其合理期限考虑。承诺的内容必须与要约的内容完全一致，承诺必须是无条件地完全接受要约的全部条款。如果受约人在答复中，只部分同意要约内容，或附条件地接受要约的，就应视为对要约的拒绝，而向原要约人提出新的要约，这叫反要约。在实际操作中，一份销售合同的订立往往要经过要约、反要约、再反要约，一直到承诺这样一个复杂的谈判过程。

（三）销售合同的主要条款

销售合同的主要条款是销售合同的重心，它决定了合同签订双方的义务和权利，决定了销售合同是否有效和是否合法，是当事人履行合同的主要依据。这是一份合同的重中之重，销售员在签订合同的过程中，一定要对合同所具备的主要条款逐一审明，详尽规定，使之清楚、明确。销售合同的主要条款一般包含以下几个部分：

1. 标的

标的是销售合同当事人双方权利和义务所共同指向的对象，销售合同中的标的主要表现为销售的产品或劳务。标的是订立销售合同的目的和前提，没有标的或标的不明确的合同是无法履行的，也是不能成立的。

2. 数量和质量

这里是指销售合同标的的数量和质量。它们是确定销售合同标的特征的最重要因素，也是衡量销售合同是否被履行的主要尺度。确定标的数量，应明确计量单位和计量方法。

3. 价款或酬金

价款或酬金是取得合同标的的一方向对方支付的以货币数量表示的代价，体现了经济合同所遵循的等价有偿的原则。在合同中，营销人员应明确规定价款或酬金的数额，并说明它们的计算标准、结算方式和程序等。

4. 履行期限、地点、方式

履行期限是合同当事人双方实现权利和履行义务的时间，它是确认销售合同是否按时履行或延期履行的时间标准。双方当事人在签订合同时，必须明确规定具体的履行期限，如按年、季度或月、日履行的起止期限，切忌使用"可能完成""一定完成""要年内完成"等模棱两可、含糊不清的措辞。履行地点是一方当事人履行义务，另一方当事人接受义务的地方，直接关系到履行的费用和履行期限。确定时应冠以省、市名称，避免因重名而使履行发生错误。履行方式是指合同当事人履行义务的具体方式，由合同的内容和性质来决定。如交付货物，是一次履行还是分期分批履行，是提货还是代办托运等。

5. 违约责任

违约责任是指销售合同当事人违反销售合同约定的条款时应承担的法律责任。卖方可在合同中明确买方延期付款的违约责任，同时还应根据供货情况对买方货款的支付进程、期限等进行必要的控制，如发生买方货款延迟支付、差额支付等情况，应视情况追究其违约责任，降低风险。

此外，销售合同的内容还包括当事人一方要求必须规定的条款，如对货物的具体信息（规格、花色、型号等）、质量标准、货款的支付方式、质量检验时限等进行明确约定，这些也是销售合同的主要条款。

销售小知识

销售合同范例

范例一

销 售 合 同

甲方（需方）：×××特殊教育学校　　　　　　　　　　合同编号：

乙方（供方）：××××家电经营部　　　　　　　　　　签订时间：　　年　月　日

一、现有甲方向乙方购买一批格力空调，双方经友好协商达成协议如下：

规格型号	单位	数量	单价	总金额	备注
KFR-72LW（72569）FNBa-3	套	10	6 500	65 000	含安装、打孔、套管等
KFR-72LW（72569）Bb-2	套	5	5 080	25 400	含安装、打孔、套管等
KFR-32GW（32556）FNDe-3	套	20	2 880	57 600	套管材料先由甲方按市场价支付
合计		35		148 000	
合计人民币（大写）壹拾肆万八千元整				￥148 000	

二、以上合同价格含厂家标准连接管，如因场地等原因需另外加管，需按分体机120元/米，柜机150元/米计算（天井机不含连接管，以实际使用量计算，单价_____元/米）。

三、售后服务质量要求和技术标准：乙方负责终身售后服务和维修（压缩机三年，整机一年），乙方绝对按上表中的规格型号采购，否则甲方拒绝安装。

四、交（提）货地点及费用负担：×××特殊教育学校新校区（消防旁边）（空调必须安装在上述指定地点，否则乙方向甲方收取合同金额3%的违约金）。

五、结算方式及期限：安装完毕甲方验收合格，乙方出示合法的发票后付清全部工程款。

六、违约责任：乙方不按甲方要求采购的，给甲方造成的损失由乙方承担；甲方不按约定的时间付款，乙方有权要求甲方每天支付工程总款3%的违约金。

七、解决合同纠纷的方式：1. 由经济合同仲裁机关仲裁；2. _____。

八、其他约定事项：1. 乙方承担在原特校（寒溪口）拆卸十台空调，并在新校区安装好，每台拆装费180元，如需加氟另算；2. 乙方安装中的安全由乙方全权负责；3. 自签订合同之日起，十五日内安装完毕，超过时间甲方每天扣除乙方工程款100元。

九、本合同一式 4 份，甲方3份，乙方1份。

十、本合同价格自签订之日起30日内有效，超过30日须重新签订合同。

甲方（章）　　　　　　　　　　　　　　　　　　　　　　乙方（章）

> **范例二**
>
> 销 售 合 同
>
> 合同编号：
>
> | 买方： | 卖方： |
> |---|---|
>
> 兹经买卖双方同意，由买方购进，卖方售出下列货物，并按下列条款签订本合同：
>
> | 序号 | 产品名称 | 卖方标准型号 | 数量 | 单位 | 单价 | 合计 |
> |---|---|---|---|---|---|---|
> | | | | | | | |
>
> | 合计人民币金额： | 不开票金额： | ￥： |
> |---|---|---|
>
> 一、本合同于____年___月___日签订。
>
> 二、质量要求和技术标准：卖方企业标准，卖方承诺因质量问题1年保修。
>
> 三、验收方式及提出异议期限：货到后一周内完成验收，如半个月内没有反馈视为合格。
>
> 四、交货地址及联系人：_____
>
> 五、发票及付款方式：_____
>
> 六、包装：_____，应采用适合于运输、防潮、防震、防锈、耐搬运之坚固包装材料，由于包装不良而发生的损失由卖方负担。

（四）销售合同的履行

自合同生效之时起，买卖双方应自觉按合同约定的内容履行合同。当事人可以约定一方解除合同的条件。解除合同的条件成立时，解除权人可以解除合同。当事人因为以下原因的可以解除合同：

（1）因不可抗力致使不能实现合同目的。

（2）在履行期限届满之前，当事人一方明确表示或者以自己的行为表明不履行主要债务。

（3）当事人一方迟延履行主要债务，经催告后在合理期限内仍未履行。

（4）当事人一方迟延履行债务或者有其他违约行为致使不能实现合同目的。

在法律规定或者当事人约定解除权行使期限，期限届满当事人不行使的，该权利消灭。法律没有规定或者当事人没有约定解除权行使期限，经对方催告后在合理期限内不行使的，该权利消灭。主张解除合同的，应当通知对方。合同自通知到达对方时解除。对方有异议的，可以请求人民法院或者仲裁机构确认解除合同的效力。法律行政法规规定解除合同应当办理批准、登记等手续的，依照其规定。

第七章 促单成交

▶ 内容结构思维导图

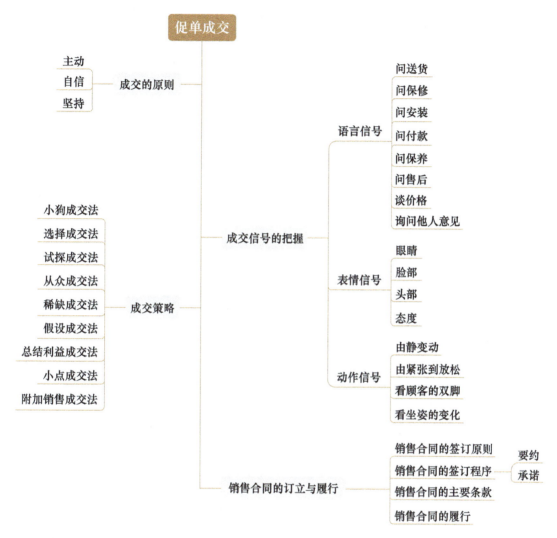

▶ 本章的重点和难点

- 促单成交的原则（主动、自信、坚持）。
- 成交信号的把握（语言信号、表情信号、动作信号）。
- 促单成交的策略（小狗成交法、选择成交法、试探成交法、从众成交法、稀缺成交法、假设成交法、总结利益成交法、小点成交法、附加销售成交法等）。

单元案例

促成交易的若干种方法

情景一：

有一位汽车销售高手，顾客上门看汽车，他从来不这样问顾客：先生（小姐），您

现代销售技术

要不要汽车？他的做法是：预先设计一张表格，表格分项描述汽车特征。当有顾客前来光顾，他就拿出这张表格，一项一项询问顾客。您是要红色的还是黑色的？红色的，打个钩。您是要排气量大的，还是小的？排气量大的，打个钩。您是要有音响的，还是没有音响的？有音响的，打个钩。……问完了之后，就把顾客带到符合这些条件的汽车面前，说："这就是您要买的汽车。"

情景二：

在活动现场，顾客李阿姨还在犹豫不决，此时销售员接过话说："阿姨，您还在犹豫什么呢？"

阿姨："我觉得这款产品的价格还是有点贵。"

销售员："这是我们公司力度最大的一次促销活动，全国让利2个亿促销，价格一定是最优惠的，并且只限今天购买哦。"

阿姨："到几点结束？"

销售员："到今天下午4点就结束了，还有最后1个小时的时间啦，并且库存不多了，限量100件的，现在只剩下了最后10件。我现在就帮您下单怎样？"

阿姨："好的，帮我下单吧。"

情景三：

一家服装店正在进行周末打折促销活动。门口的大喇叭不断在广播：春装上市，米兰时装周最新流行款，全国劲销1亿件，年轻人的热选，网络的爆款，走过，路过，不要错过。

情景四：

在汽车4S店，王先生刚刚选定了一款20多万的小汽车。销售员和王先生展开了以下的对话。

销售员："您太有眼光了，您选购的这款是性价比最高的，非常划算，优惠后为您节省了5万多。我建议您用这些节省的钱做个车窗贴膜，不但能够让玻璃更坚固，还能起到遮光、防偷窥等功能。"

王先生："多少钱？"

销售员："这款贴膜是原装进口的，也不是很贵，5 800元而已。"

王先生："那好吧。"

销售员："您看看要不要加个车底防锈喷漆？车底是最容易生锈的，是比较薄弱的环节，车底喷漆能够延长车辆使用寿命3～5年。"

王先生："可以，帮忙加上吧。"

销售员："您的车险，我也一起帮您买了吧，第三者意外险您是选择100万的，还是200万的险种，我建议您采用200万的险种，这样如果发生事故更有保障。"

王先生："好的，帮忙写上。"

……

问题：

以上各情景中的销售员采用了哪种促成交易的方法？

分析提示：

1. 小点成交法　2. 稀缺成交法　3. 从众成交法　4. 附加销售成交法

单元自测题

1. 成交的原则包括（　　　）。
   A. 主动　　　　　　B. 自信　　　　　　C. 坚持　　　　　　D. 努力
2. 识别成交的信号中，不属于语言信号的是（　　　）。
   A. 问送货　　　　　　　　　　　B. 问保修
   C. 问安装　　　　　　　　　　　D. 眼睛盯着产品看
3. 成交信号包括（　　　）。
   A. 语言信号　　　B. 动作信号　　　C. 表情信号　　　D. 暗示信号
4. 先将产品给顾客拿回去试用一段时间，满意了才付款购买，属于（　　　）。
   A. 小狗成交法　　B. 选择成交法　　C. 试探成交法　　D. 从众成交法
5. 以下属于从众成交法的是（　　　）。
   A. 这是我们这里的爆款　　　　　B. 这是你们年轻人最喜欢的
   C. 全球销量5亿瓶　　　　　　　D. 获得千万妈妈的喜爱
6. 销售促单的黄金法则是（　　　）。
   A. 稀缺成交法　　　　　　　　　B. 假设成交法
   C. 总结利益成交法　　　　　　　D. 小点成交法
   E. 附加销售成交法
7. 告诉顾客本次促销活动在今晚8点结束，限量100件，属于（　　　）。
   A. 稀缺成交法　　　　　　　　　B. 假设成交法
   C. 总结利益成交法　　　　　　　D. 小点成交法
   E. 附加销售成交法
8. 以下属于总结利益成交法的是（　　　）。
   A. 您刚才提到这款产品颜色很适合您家的装修风格，材质也是您想要的，规格也符合您家的要求，是吗
   B. 您现在不买，明天就涨价了
   C. 这是我们店里卖得最好的
   D. 零元秒杀，仅限1 000件
9. 销售合同的主要条款包括（　　　）。
   A. 标的　　　　　　　　　　　　B. 数量和质量

C. 价款或酬金 D. 履行期限、地点、方式
E. 违约责任

10. "一份销售合同的订立往往要经过要约、反要约、再反要约，一直到承诺这样一个复杂的谈判过程。"这句话（　　　）。

　　A. 正确 B. 错误

单 元 实 训

【实训背景】

➢ 顾客：能介绍一下你们的保修范围吗？（识别成交信号）

➢ 销售员：根据国家规定，我们的产品都是核心部件质保三年，外观附件质保一年的。买我们的产品，您绝对可以放心，质量绝对可靠。您现在就定了吧。（试探成交法）

➢ 销售员：您是选择这款，还是那一款呢？（选择成交法）

➢ 顾客：这款就好。

➢ 销售员：您的送货地址是？（顾客：……）您的电话是？（顾客：……）好的，您的订单已经写好了，麻烦您签字确认一下好吗？（假设成交法）

➢ 顾客：还可以打折吗？

➢ 销售员：您放心吧，不用您说，我们已经按最低价格给您了。

➢ 顾客：我还是考虑考虑。

➢ 销售员：我刚才查了一下库存，这两天搞活动，仓库只剩下200多平方米了（产品稀缺），并且活动价优惠到今晚8点就结束了（价格稀缺），您下个月就要装了，今天再不下单，真来不及了（时间稀缺）。这样吧，我向领导申请个礼品送您怎么样？

➢ 顾客：那好吧。有什么礼品呢？

➢ 销售员：刚查了一下，还有最后一个旋风拖把，就送您吧。本来是要买满5万元才能送的。

➢ 顾客：谢谢啊。

➢ 销售员：这款实木踢脚线与您的地板是极其般配的，我也一起写在您的订单上好吗？（附加销售成交法）

➢ 顾客：好的。

请运用本章所学知识进行演练，步骤如下：

（1）选定两位同学，一名扮演顾客，一名扮演销售员。

（2）销售员的扮演者在使用话术的时候注意里面用到的成交方法。

（3）演练结束后，顾客扮演者说说自己的感受，并给销售员扮演者改进的建议。

（4）老师进行点评，加深记忆。

（5）课堂时间允许的情况下，以上演练可以进行2~3轮。

第八章 售后服务

教学导航

◎ 知识目标
- 了解售后服务包含的四个层次
- 熟悉售后服务的含义、内容、原则和作用
- 理解顾客满意度的相关理论
- 掌握顾客评价服务的五个标准

◎ 能力目标
- 能阐述售后服务的内容、原则和作用
- 能举例说明顾客满意度理论的内涵
- 能判断售后服务的四个层次
- 能灵活运用五个评价标准对售后服务进行评价

图8-1和图8-2是两款冰箱的基本情况描述，如果你是顾客，你会选择购买哪一个？

```
● 冰箱1
   ● 有霜
   ● 外取冷饮器
   ● 冷冻室：120升
   ● 冷藏室：180升
   ● 白色，特殊防污处理外壳
   ● 另加500元可选择外壳颜色
   ● 环保型号
   ● 国内著名家电制造厂生产
   ● 价格：3960元
```

```
● 冰箱2
   ● 有霜
   ● 全自动制冰
   ● 冷冻室：140升
   ● 冷藏室：160升
   ● 白色/雪青色/淡绿色/米黄色/大红色等
   ● 节能省电
   ● 杂志评为同类产品明星
   ● 价格：4100元
```

图8-1　冰箱1基本情况　　　图8-2　冰箱2基本情况

如果图8-3和图8-4是两款冰箱附加的售后服务条款，你又会选择哪一个呢？

```
● 冰箱1
   ● 两年无条件保修
   ● 本地设有特约服务中心
   ● 免费送货，搬走旧冰箱，旧冰箱如还能制冷可适当折款
   ● 送货时间：可由顾客指定（包括周末）
   ● 接受现金、支票、信用卡付账
```

```
● 冰箱2
   ● 一年保修
   ● 可签维修服务合同，每年260元
   ● 经销商具有维修服务条件和资格
   ● 免费送货及搬走旧冰箱
   ● 送货时间：每周五上午9:00—下午5:00
```

图8-3　冰箱1附加的售后服务条款　　　图8-4　冰箱2附加的售后服务条款

讨论：消费者的两次购买选择有何不同？为什么？

在上述案例中，如果单从产品的外形及功能选择，或许不同的消费者会有不同的选择；但若结合附加的售后服务条款，相信很多顾客都会选择第一款冰箱。可见，售后服务对销售工作的影响非常大。做好了售后服务，有利于促进顾客的再次购买或转介绍朋友购买，能够缩短销售的流程。

第一节　售后服务概述

一、售后服务的含义

售后服务是指销售员在顾客签订订货合同后，为顾客提供的各类服务的总称；是这一

轮销售活动的结束,也是新一轮销售活动的开始,是所有销售环节中非常重要的一环。

有些销售员因秉承"成交就是绝交"的想法,对成交后的顾客不再重视,甚至觉得成交后的顾客最好就不要再来麻烦自己,也害怕打电话给顾客进行回访,担心回访发现了售后问题,自己不好处理,所以这类销售员采取了躲避的原则。另外一类销售员,以"成交才是销售的真正开始"为理念,秉承售后服务5S原则,坚持为顾客提供最优质的售后服务,以使顾客满意,从而让顾客进行复购及转介绍朋友购买。

二、售后服务的内容

(一)送货及安装服务

对于大宗消费产品,送货及安装服务是必不可少的重要一环。货物应严格按照与顾客约定的时间送达,送货上门后要及时进行安装调试,并且在安装调试完毕后,询问顾客是否满意,并请客户签字确认,才算是送货及安装服务的结束。

销售小知识

某地板公司送货安装服务流程

第一步:安装工与顾客约单

在安装前两天,提前与顾客预约上门安装时间。

第二步:出发前准备

出发前两个小时,再次致电顾客确定时间。然后认真检查工具、产品、工作证、上岗资格证等是否带齐,检查工具箱是否干净、整洁。

第三步:到达安装地点

(1)主动向小区保安、门卫等人员出示工作证,说明情况并登记,在指定位置停车。

(2)到达准确位置后敲门。敲门轻重要适度,连续敲三下,退后一步立正,等待顾客开门。顾客开门后,主动表明身份,说明来意。穿上鞋套,然后进入顾客家里。

(3)进入顾客家,工具箱摆放位置必须征求顾客同意后方可摆放,摆放时动作要尽可能轻,摆放要端正。

(4)与顾客交谈应用礼貌用语,不得说脏话,不得大声喧哗。

(5)不可以在顾客家抽烟,不可以喝顾客家的水,未经顾客许可不得随意走动。

第四步:施工现场检测

(1)施工现场湿度检测。

(2)地面隐蔽工程检查。确认铺装房间的水电路线情况,以免不小心打破水电管道。

(3)地面基础的强度和厚度检测是否合格,地面平整度检测是否合格。

(4)施工现场检查:是否交叉作业。

第五步：安装前咨询

（1）安装损耗：要向顾客说明安装损耗在2%～5%均属于正常范围，并取得顾客签字认可。

（2）铺设方法、面层地板走向及拼装图案、踢脚板、过桥收口及膨胀的位置及安装、防潮层处理需告知顾客并征得顾客同意。

（3）铺装面积较大时应编制施工方案、施工步骤并铺设样板间，验收合格后方可大面积施工。

（4）事先向顾客说明自行解决饮用水、用餐问题，不给顾客添麻烦。

第六步：铺装前现场整理工作

（1）检查工具是否齐全，并再次检查地板木种、规格、数量是否与安装单一致，再次检查安装辅料是否齐全。

（2）对现场的保护：首先用薄膜或地垫，对墙面、造型及顾客家中的家具进行保护，避免在清理及安装过程中被灰尘污染。

（3）清理现场：事先应要求顾客对地面、墙面进行清理，但对于局部残留部分，则进行对地面上残余的灰浆的铲除，对不规则的墙边进行修整，对门套部位进行切割，清理安装现场。

（4）清扫现场：对安装现场的地面进行清扫，将安装现场清理干净，在清扫过程中要注意灰尘不要污染墙面、造型及家具等物件。

（5）现场吸尘：用吸尘器吸除地面的灰尘与渣子。

第七步：开始铺装

按安装标准手册的要求为顾客进行铺装地板。

第八步：顾客验收

安装现场清洁完毕后，将工具收拾好放入工具箱，请顾客进行现场验收，顾客验收合格后在"地板铺装验收单"上签字确认，在离场前将顾客指定的垃圾带走，如顾客要求做地板成品保护，则用专业保护膜对地板进行遮盖，然后有礼貌地离场。

第九步：交单复命

将顾客签字的验收单交回公司归档管理，完成本次安装任务。

（二）电话回访服务

电话回访服务既能对送货安装师傅的服务进行监督，确保送货安装服务的质量；同时，也是增强顾客黏性，保持与顾客互动，听取顾客反馈，获得顾客转介绍的重要手段。电话回访时须注意以下事项：

1. 回访时间

每次送货及安装结束后，最迟不能超过48小时对顾客进行安装后回访。以安装工人交回验收单时间算起。回访时，注意要在顾客相对空闲的时间打电话，不能在顾客休息的时间段打扰顾客，如中午12点到下午2点午饭及休息阶段，下午5:30～7:30下班开车及吃饭阶段，晚上10点以后，顾客的睡觉时间等。电话回访人员最好以自己所在城市的顾客作息规律做好判断，且电话沟通时长保持在3分钟以内，以免打扰到顾客。

2. 回访内容

提前准备好要回访的问题及"送货安装师傅满意度评价表"（见表8-1），有逻辑顺序地向顾客进行询问。问题的内容包括：送货安装人员必须做到的标准问题、顾客的满意度等问题，若顾客比较满意，可以问顾客是否有朋友可以转介绍过来购买。

销售话术

客服：××先生/女士，您好！我是××品牌客服中心的×××（姓名），工号是×××，打扰一下，××小区×座××室的产品服务已完成，麻烦您对我们整个服务环节做一下评价，请问您是很满意、满意、一般，还是不满意呢？

顾客1：不满意/一般

客服：非常抱歉，给您带来了不愉快的购物体验，请问中途有出现什么问题吗？（对于顾客的反馈，做好记录）

根据顾客反映的意见可回答：

客服：感谢您的反馈和意见，我已做好记录，师傅会在24小时内与您联系上门处理时间。

客服：感谢您的反馈和意见，我已做好记录，同时会及时反馈给相关部门，以便将来为您提供更好的服务和产品。

顾客2：满意/很满意

客服：感谢您的好评！能否再麻烦您抽出两分钟对我们的师傅进行评价？

表8-1 送货安装师傅满意度评价表

回访日期： 年 月 日					
回访人		安装师傅		安装地址	
序号	问题		评分/评价		备注
1	您对我们工人的服务态度满意吗？（满分10分，您打多少分？）				
2	您对我们工人的安装技能满意吗？（满分10分，您打多少分？）				
3	工人是否有向您额外收费或多收费的行为？		□有	□没有	
4	司机送货是否准时到达您家里？		□是	□否	
5	工人上门是否穿着工装？		□有	□没有	
6	工人安装完毕是否给您家清理施工现场卫生？		□有	□没有	
7	"安装验收单"您签字了吗？		□有	□没有	
8	工人是否有为您讲解产品保养的注意事项？		□有	□没有	
9	工人是否有其他不好的行为？（若有做好备注）		□有	□没有	
10	您是否愿意推荐您身边的朋友来买我们的产品呢？		□愿意	□不愿意	
11	（回答愿意的顾客继续）您朋友的微信或电话是否可以推荐给我们？		记录：		
您还有其他建议吗？					

客服：回访到此结束，以后若有问题随时欢迎您拨打售后服务热线：400800××××，感谢您的接听，祝您生活愉快！

(三)退换货服务

退换货服务规定会影响顾客的购买行为,现在的顾客都会有冲动消费的行为,买回去之后若不喜欢,在规定时间内,还可以拿回来退货或换货的话,顾客就会更容易选择购买。因此,若在国家规定的范围内,甚至超出国家的规定,提供更长时间、更优质、更快捷的退货、换货服务,就更能促进顾客的下单购买。

销售小知识

《中华人民共和国消费者权益保护法》退换货规定

《中华人民共和国消费者权益保护法》第二十五条:"经营者采用网络、电视、电话、邮购等方式销售商品,消费者有权自收到商品之日起七日内退货,且无需说明理由,但下列商品除外:

(1)消费者定做的。
(2)鲜活易腐的。
(3)在线下载或者消费者拆封的音像制品、计算机软件等数字化商品。
(4)交付的报纸、期刊。

除前款所列商品外,其他根据商品性质并经消费者在购买时确认不宜退货的商品,不适用无理由退货。"同时,经营者应当在收到退回商品之日起七日内向消费者返还已支付的商品价。一方面,消费者退回的商品应当完好。商品能够保持原有品质、功能,包括商品本身、配件、商标标识、使用说明书等齐全的,视为商品完好。另一方面,经营者对能够完全恢复到初始销售状态的无理由退货商品,可以作为全新商品再次销售;对不能够完全恢复到初始状态的无理由退货商品再次销售的,应当通过显著的方式将商品的实际情况标注。

(四)定期保养服务

对于某些大件产品,定期保养是一项必需的工作,能够延长产品的使用寿命及增强产品的外观效果。例如,汽车、地板、家电等都是需要保养的。对顾客购买产品后的保养可以是免费的,也可以是收费的。通过保养服务,能够有效增强顾客的黏性,增加与顾客的互动,甚至也可以成为公司盈利的项目,如汽车保养服务的收入占汽车4S店收入中比较大的比重。

销售小知识

某品牌汽车常规保养服务流程

一、预约服务/主动上门服务

(1)预约服务:是汽车维修保养服务发展的一大趋势。预约方式主要包括电话预约或社交工具(如QQ、微信)预约;预约服务分为主动预约(销售员打电话给顾客)和被动预约(顾客打电话来预约)。

第八章 售后服务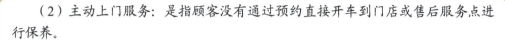

(2) 主动上门服务：是指顾客没有通过预约直接开车到门店或售后服务点进行保养。

二、接待服务流程

接待准备—迎接顾客—环车检查—现场问诊—获得、核实顾客、车辆信息—确认备品供应情况—估算备品/工时费用—预估完工时间—填写保养单—安排顾客休息。

三、作业服务流程

各里程保养项目介绍—客服代表与车间主管交接—车间主管向维修技师派工—实施维修作业—自检及车间主管检验—车辆清洗（必要时）。

四、交车服务

美容技师通知客服代表准备交车—客服代表内部交车—通知顾客，约定交车—陪同顾客验车—制作结算单—客服代表陪同顾客结账—客服代表将资料交还顾客。

五、跟踪服务流程

保养服务过去一周后，与顾客进行电话、社交工具（如QQ、微信等）联系，开展跟踪服务，售后客服及相关主管领导通过电话联系，让顾客得到以下服务：

(1) 询问顾客用车情况和对本公司服务有何意见。
(2) 询问顾客近期有无新的服务需求需本公司效劳。
(3) 告知相关的汽车使用知识和注意事项。

（五）售后投诉处理

投诉处理是顾客在验收货或使用过程中，产品出现了物流送货问题、外观损坏问题、故障、质量问题、服务问题等，导致顾客的不好体验，从而希望通过沟通得到解决。

很多销售员会将顾客投诉作为麻烦事情的到来，能躲则躲，其实这是不成熟的、错误的做法。其实真正优秀的销售员，会将顾客投诉作为一个加强与顾客联系、塑造服务价值、提升顾客满意度及忠诚度的最佳机会。顾客投诉时，都是处于非常失落及无助的境地，急需有人及时为他解决问题和烦恼，若销售员能够第一时间，以最快的速度给予他安慰及解决问题，甚至给予一定的补偿，顾客就会被销售员的反应速度及真诚服务打动，记住销售员，在和朋友聊天中甚至还会说起，帮忙宣传该品牌的服务，形成口碑传播。

行家谈经验

投诉及时处理，获得顾客认同

刘女士为她的姐姐跟踪装修事宜，买了我们的进口三层实木地板，她的担心是地板安装之后的响声问题，因为她自己房子装修就遇到过。

1月4日预约安装，当时她说她不知道铺地板对地平的要求是什么样的。于是我马上安排师傅去她家实地看了一下地平，师傅给出的答案是能装，但是如果要求完全平整，而且没有一点响声是不可能的。我也跟她现场沟通了，她同意安装。

> 1月7日我们进场安装，装完之后我叫她去验收。顾客验收后，说地板响声严重，而且两个房间都响。由于当时天气非常寒冷，我首先考虑到的是会不会是受天气影响才会出现这个情况，让她先踩一段时间让地板之间相互磨合。过了几天，顾客反馈响声还是没有消失。于是我叫上师傅一起去了现场，踩了一圈确实响得严重。顾客一直在抱怨说，不如之前买的那个小品牌的强化地板。我就边安慰顾客边叫师傅找原因，我们判断是两个原因造成的：①地面不平；②这款地板是锁扣的而且又是大板子，所以地面稍微不平就会出现这种情况。顾客的态度就是，你不处理好我就不结账，而且要处理得一点响声都没有。我们和顾客沟通，让她的泥工师傅和我们师傅一起在现场，三方对接把地面尽量补到最平，顾客也同意了。地面重新找平后，让地面干燥。
>
> 1月24日再次进场铺装，这次铺装我买了两根蜡烛，并且跟师傅说每块地板槽口都刷一层蜡，这样应该能减少地板槽口之间的摩擦也能减少响声，当时顾客也在现场，铺完一个房间确实也没那么响了，就是角落有一点。我们给她解释，她也能接受，就这样两个房间都铺装完成。我们铺完打扫现场的时候，顾客发现地板槽口处有一些掉漆，我告诉她经过拆装这样折腾，的确不小心破损了一点，我们师傅会帮你修补脱落的油漆，顾客看在我们确实第一时间帮她处理了问题，也很认真诚恳的态度上，更加认可了我们这个品牌和服务。
>
> 1月26日我再次打电话给顾客叫她来结账，她很爽快地叫我到她家里去拿钱。我当时送了她一副新年对联，还送了一把专用地板拖把。她非常开心，连连称赞我们服务好。她说，以后她要买地板一定会记住我，记住我们这个品牌！
>
> 顾客从投诉、不愿意结款到愿意付款，并且还非常满意，最重要的是销售员针对顾客的每次投诉，都能及时响应，并且能够马上亲自到场，给出解决方案。态度诚恳，为客着想。

（六）维修服务

维修服务是由于产品在使用过程中出现的人为故障或质量故障而采取的一种服务。维修可以分为质保期内的维修和质保期外的维修。若在质保期内，产品就出现了故障，顾客的体验一定会非常不好，对该品牌的质量信任度一定会大大下降。若顾客购买的产品还在退换货范围内，则为顾客提供可退货、换货和维修的选择，征求顾客的意见，并为他及时进行办理。若过了退换货时间的，则为顾客提供迅速快捷的维修服务，及时解决顾客产品无法使用的问题。

三、售后服务的5S原则

（一）微笑

微笑（Smile）是指适度的笑容。微笑可体现感谢的心与心灵上的宽容，显得开朗、健康和体贴，销售员要对顾客有体贴的心，才有可能发出发自内心的真正的微笑。销售员的微笑能够打破僵局，能够融化顾客的心，特别是对于顾客的售后服务，销售员微笑、礼貌的服务，往往能够缓解顾客的情绪，减少顾客的责难。

（二）迅速

迅速（Speed）是指动作快速，在此有两层含义：①指物理上的速度，工作时要做的每件事都应尽量快些，不要让顾客久等；②服务上的速度，销售员诚意十足的动作会使顾客产生满足感，使他们相应地也不觉得等待的时间过长。不让顾客等待是服务好坏的重要衡量标准。

在处理售后服务问题时，迅速为顾客解决问题，能够避免顾客投诉的加深及扩大。在处理顾客售后问题的时候，销售员的反应速度越慢，顾客等待越久，顾客的期待就越高，使本来可以花很少成本就能够解决的问题，最终演变成诉讼，付出高额的时间及金钱成本。所以，"迅速"在处理售后问题时尤其重要。

（三）诚恳

诚恳（Sincerity）是以真诚、不虚伪的态度努力地认真工作，这是销售员的基本原则。销售员如果心中怀有尽心尽力地为顾客服务的诚意，顾客一定能体会得到。任何欺骗、夸大等不诚实的话语，最终都会被顾客觉察，从而失去顾客的信任。

（四）灵巧

灵巧（Smart）是指"精明、整洁、利落"，以干净利落的方式来接待顾客，即所谓灵巧的服务。销售员要做到以灵活、敏捷的动作来包装产品，以优雅、巧妙的工作态度来获得顾客的信赖。

灵巧还表现在处理事情的时候不固执、不守旧，站在顾客的角度思考，灵活应变。所有公司在制定服务策略及流程的时候，都无法囊括服务的每一个细节，也不能够确保每条规定都是正确的。销售员要根据顾客的实际服务情况，站在顾客的角度，灵活做出调整及应对。

（五）研究

研究（Study）是指平时努力认真地研究顾客的购物心理、售后服务技巧，以及学习产品专业知识，不仅能有效地提高接待顾客的能力，而且能卓有成效地提高销售业绩。对产品、对顾客研究得越透彻，就越能为顾客提供更专业、周到的服务，就越能获得顾客的满意。

销售员在销售过程中坚持5S原则，不但会使顾客感到满意，也会使销售员得到成长，同时使企业也获得了利润，实现5S原则的"三赢"，顾客、销售员、企业都获得了各自的利益。

四、售后服务的重要性

售后服务是销售工作中非常重要的一环，但一直以来得不到重视。很多销售员，甚至

现代销售技术

企业都觉得顾客下单、交款后，销售工作就告一段落，后面的都是售后服务部门的事情，而一般的公司对售后服务根本也不重视，更不会觉得售后服务有多么重要。但其实，售后服务比销售流程中的任何一环都重要，因为售后服务是这一轮销售的结束，又是下一轮销售的开始。下一轮的销售从哪一步开始，是由售后服务决定的，在第九章会重点提到。售后服务的重要性主要表现在以下方面：

（一）有利于形成顾客口碑

根据"250法则"，每个人最少能够影响250个人。在目前的移动互联时代、网红经济时代，每个人能够影响的人都在不断增加，一个普通人都可能有几万的粉丝量。由此可见，顾客的口碑非常重要。

好的售后服务，会让顾客向身边的朋友传播好的口碑，从而影响更多的人认识及了解这个品牌，从而抢占潜在顾客的心智，树立潜在顾客的品牌认知，增加其选择这个品牌的可能性。坏的售后服务，或者不能令顾客满意的售后服务，会形成不好的传播。这个传播速度及范围会比好的服务、满意的服务传播得更广泛、更久远。因为顾客对不好的服务体验的记忆会更深刻、更长久，并且更想去传播，那么对于品牌的杀伤力也是非常大的。甚至有些善于表达及炒作的顾客，通过网络渠道去传播，成为网络或某个媒体平台的热门话题，那影响力更大了，甚至会对品牌造成毁灭性的打击。

所以，作为一名销售员，应该以好的顾客服务，打造顾客对自己、对品牌的口碑传播，这样顾客才会越来越多，销售也会越来越好做。

（二）有利于提升顾客复购

老顾客的复购是企业和品牌长久发展的基础，由于有好的售后服务体验，顾客才会满意，满意的顾客才会有持续的购买行为。

有些企业以夸大的营销手法、欺骗的营销行为、糟糕的售后服务，在当下可能会吸引一批冲动消费、具有占便宜心理的顾客前来购买，但顾客使用产品，并对品牌有所了解后，任何包装过的宣传都会被识破，从而做出停止再次购买的行为。所以，企业要获得持续的发展，销售员要获得持续的订单，营造良好的售后服务体验，让老顾客复购非常重要。有人说，开发一个新顾客是维护一个老顾客成本的10倍，这并不夸张，老顾客由于有了上一次购买、使用的尝试，对品牌及服务已经有了初步的信任，从而更容易去再次选择。

> **同步案例**　被批评的销售冠军
>
> 在某公司的年度销售分析会上，小李一如往年一样走上了领奖台，他获得了"三连冠"，连续三年获得了年度销售冠军奖，销售总经理为他进行了颁奖。小李上台领奖后，销售总经理继续说："我分析了所有的销售数据，发现了一个非常严重的问题，老顾客的复购率连续三年大幅度下滑，我们一边投入巨额的资源与费用开发新顾客，另外一边老顾客在不断地流失，销售利润在逐年下降。"销售总经理展示了销售前三名的销售员的顾客名单分布图（如图8-5所示）。

图8-5 销售前三名销售员的顾客名单分布图

总经理分析道:"图中三个圆圈的重叠部分是指老顾客的复购比例;如图所示,小李的销售顾客数量及销售金额都是最大的,所以获得了销售冠军。但是从老顾客维护及复购方面来看,要严重批评小李,每一年能够留下来重复购买的顾客都不多,连续三年都复购的顾客一个都没有。我肯定你开拓顾客付出的努力,所以颁发给你这个奖项。但像你这样每年都在开发新顾客,当这个城市的新顾客都被开发完了,我们的公司也要完了。你要回去好好检讨,为什么老顾客都不喜欢回头购买我们的产品?是产品问题,还是服务问题,还是你个人的问题?回去写1 000字的检讨分析一下。在这里要特别表扬一下小张,虽然他的销量是排名第二,但从这三年的顾客分析可以看得出来,他很用心做顾客服务,顾客关系维护得很好,70%多的顾客复购率,为公司的发展树立了很好的口碑,也是公司获得长远发展的基础。所以,授予小张'特别贡献奖'。"

点评:销售业绩固然重要,但要做好老顾客的维护,增加老顾客的复购,销售业绩才能持续,企业才能长久发展。

(三)有利于带来新顾客

好的售后服务不但能够获得顾客复购,还能让顾客乐意向身边的朋友推销该品牌的产品,甚至有些顾客还会带上自己的朋友来找到销售员购买。因为好的东西、好的服务,才会让顾客放心分享给身边的亲人、朋友。所以,销售员要利用好售后服务带来的顾客"裂变",让老顾客源源不断地为自己带来订单,提升销售的效率。

行家谈经验

售后带来的订单

2018年12月31日下午,我带上两个店员及一份小礼物前往县城河畔阳光的一个顾客家。我们没有事先通知他要来做地板的清洁及保养服务。当我们敲开门后,主人家非常意外,也非常热情地欢迎我们进家坐。由于之前买地板时大家比较熟悉了,所以很随便、很友好。

坐下来喝一杯水后,我告诉他来意,我说:"明天要过元旦了,你们应该希望在干净、舒适的家里,欢度元旦假期。所以,我带上员工来给你的地板做一次保养清洁。"然后我们分工合作,有人扫地,有人拖地,有人负责打蜡,经过了1

个多小时，把他家地板打理得干干净净。他在一边连连称赞，他妻子更是乐开了花，看着我们几个人为她扫地、擦地、打蜡，连忙拿出手机，拍了好几张照片并马上发了朋友圈。

第二天，也就是元旦当天，没想到她带了三个顾客来到店里找我，说："昨天我发朋友圈后，朋友圈的朋友、闺蜜看了后，给予了大量的点赞及回复评论，有三个女闺蜜说她们家里也正准备定地板，死活要让我带她们过来，我们就来啦。"当天她的三个闺蜜就定了三套全屋地板。

元旦假期的第二天、第三天，她又陆续推荐了其他业主过来。原来她所在的这个小区，是他们单位的拆迁房，楼上楼下都是他们单位的同事。真没想到，元旦三天假期，这个小区我拿下了33单。我也创下了短期成交量之最，单月工资之最。

第二节 售后服务的策略

一般企业的竞争都是传统思维，他们关注产品、品牌、价格等方面的竞争。有的企业不断加大产品的研发力度推出新品，有的企业着重形成品牌的口碑传播优势，有的企业将价格竞争放在第一位，但这些竞争模式都容易被其他企业赶超及替代，唯有系统性的服务无法替代。要将企业与顾客的关系变成长久关系，让顾客不离不弃，这才是售后服务要做的价值维系。让系统服务成为企业的核心竞争力，才是现代企业竞争的新思维。销售员应靠专业的服务策略来提升服务水平，打造卓越的顾客服务体验。

一、提升顾客满意度

顾客的满意度来自顾客感知的服务与顾客期望的差距，是顾客通过对产品或服务的可感知结果与他的期望值相比较后所形成的感知状态。售后服务是提升顾客满意度的有力武器，服务策略的最终目的就是实现顾客满意。因此，销售员所提供的服务一定要让顾客感知到才有效，服务对顾客来说，感受就是一切。

提升顾客满意度

顾客满意度可由公式计算得出：顾客满意度=顾客可感知结果/顾客的期望。这个计算公式会有以下的三种结果：

事前期待		实际评价			
事前期待	<	实际评价	超过传闻→成为常客	满意	
事前期待	>	实际评价	不再光顾→失去常客	不满意	
事前期待	=	实际评价	印象薄弱→若无竞争对手则继续使用	不满意或不确定	

从上面结果可知，每个顾客在决定购买产品之前，对该产品的售后服务都是有期待的，也许是因为是知名品牌，也许是因为这个品牌有良好的服务口碑。当售后服务的实际表现即顾客的可感知结果大于顾客对产品的期望时，顾客会对该品牌满意，并成为常客；

反之，当它的实际表现及顾客的可感知结果小于期望时，则顾客会变得不满意从而流失。值得注意的是，当售后服务的实际表现等于顾客期望时，顾客依然有可能产生不满，即表示该顾客不会成为该品牌的忠诚顾客，若无竞争对手会持续购买产品，一旦有新产品出现，顾客就会毫不犹豫地转向新产品。

销售小知识

请重视对你不满意的顾客

顾客投诉为什么值得重视？请看以下数据：

会投诉的顾客只占全部顾客的5%~10%；有意见而不投诉的顾客80%不会再来；抱怨的顾客，如果处理得好，98%的顾客在投诉之后还会再来。

平均每位非常满意的顾客，会把为什么满意告诉12个人，而这些人中，会有10位左右，在产生同样需求时，会光顾满意顾客所赞扬的公司。一个非常不满意的顾客，会把他的不满告诉20个以上的人，而这些人，在产生同样需求的时候，几乎不会光顾被批评的服务恶劣的公司。

服务质量低劣的公司，平均每年只有1%的增长率，而市场占有率会下降2%。服务质量高的公司，每年的增长率为12%，而市场占有率增长6%。

开发一个新顾客的成本是保住老顾客成本的6倍，而流失一位老顾客的损失，需要争取10位新顾客才能弥补。95%以上的顾客表示，如果遇到问题现场立即解决，他们不会发脾气，他们能够体谅公司。

因此，当顾客从一家企业获得良好服务，并满意企业所提供的产品，顾客对企业的拥护度为60%；然而，在购买产品后出现问题的情况下，如果企业能礼貌而有效地处理问题，顾客对企业的拥护度可提高至90%。结果：出现了售后问题并处理好比没有出现售后问题的销售获得了更高的顾客满意度。

可见，在竞争激烈的市场中，顾客对售后服务的要求非常高，要做到顾客满意，就要让顾客感知到的服务大于顾客的期望。销售员必须挖掘到顾客潜在的需求，并满足顾客的需求，顾客才会满意。若顾客说出了需求，销售员再去满足，顾客就会不满。这是因为顾客要求才给的，并不是销售员主动提供的服务。顾客渴望的价值和意料之外的价值才是销售员全面超越竞争对手的发力点。

同步案例　顾客投诉带来的订单

帝景花园的王先生是2019年8月份在我门店购买的强化地板，都已经装完快一年了，突然接到他的电话，电话里，他非常生气，说："冲着你们地板是行业的大品牌去买的，怎知用了一年还不到，地板起鼓了，是不是你们地板质量有问题，安排人员帮我处理一下。"

我二话不说，马上叫上售后师傅，打了个车，一个小时后已经到达顾客家，说："王先生，真不好意思，给您添麻烦了。这盒实木筷子送给您，对于给您带来的不便，我向您道歉。我们的售后师傅一定会给您一个满意的处理方案的。"

王先生收下礼物之后，感觉他已经没有那么生气了。他带我们看了大厅的一个角落，的确有两块地板接缝的地方有几个鼓包。我们的售后师傅专业地解释道："地板鼓包是由于受潮引起的，受潮有两种可能，一种是安装时，地板下的防潮膜没有铺好，导致地面潮气入侵；另外一种是地面上的水入侵。这两块地板已经无法使用了，我帮您撬了，换两块就好。您觉得如何？"

王先生："你撬吧。"

师傅撬起地板后说："地板下面是很干爽的，防潮膜都完好，应该是地面受潮导致的。"

王先生："地面为什么会受潮呢，我家都很干爽的。"

师傅说："可能是拖地的时候，水没有甩干，或者不小心倒了水在上面，没有及时擦干都会受潮。"

王先生："我这里原来放有一盆绿植，可能是浇水时洒到地板上了。换两块地板要多少钱？"

我说："不用您出钱，我们来搞定就好。我们下午拿上新的地板来帮您铺好。"

王先生连声说："谢谢，谢谢。"

下午我和售后师傅再次上门，花了不到一刻钟时间，就铺好了。然后还花了一个多小时，将王先生家的地板全部做了一次打蜡清洁，整屋地板都像新的一样，王先生非常开心。

半个月之后，王先生带他的朋友到店里找我买地板，到现在，王先生已经帮我推荐了五个顾客了。

点评：顾客投诉也是顾客售后服务的一个切入点，若对顾客投诉内容处理得好，能够超出顾客期待，更能赢得顾客满意。

> **职业提示**
>
> 人要通过接受批评，检视自己的错误和缺点，才会思过而知新。在不断地批评和被批评中，在矛盾碰撞的过程中，逐渐地认识自己、正视自己、完善自己。接受批评对销售工作同样重要，顾客的不满和投诉正是销售员进步和提升的空间，是顾客给予销售员的机会；销售员应具备良好的心理素质，采取欢迎的态度接受批评。"忠言逆耳利于行"，在接受批评后，销售员应耐心分析受批评的原因，寻找对策，积极改正。

二、打造卓越的售后服务体验

所有好的服务体验一定是精心设计出来的，企业及销售员要学会创造美好、杰出及超越期待的顾客体验，包括：精心策划一系列能够刺激顾客感官，引发顾客情感的清晰顾客体验，以占有并维持顾客的所有关注点。

顾客到底期望的是什么？顾客的服务体验有基本的、期望的、渴望的、意料之外的，如果企业现在这些基本的、刚需的都没有做到，赶快把这些做好，然后才有期望、渴望，甚至是意料之外的服务体验。

（一）售后服务的四个层次

根据顾客不同的期望，企业可以将顾客售后服务分为四个层次，每达到一个层次，再进入下一个层次，最高层次是打造顾客意料之外的服务。

1. 基本的服务

基本的服务是销售产品时所必需的。基本的服务属性，也就是大家经常说的"刚需"。如产品销售之后，能够让顾客顺利使用上该产品，要做到的配套服务，就是基本的服务。例如：售后的送货服务、安装调试服务。如上文"顾客投诉带来的订单"案例，销售员接到顾客投诉电话，马上上门给予及时处理，是基本的服务需求。若基本的服务都得不到满足，顾客会非常不满意，甚至会引起大的投诉。

2. 期望的服务

期望的服务是顾客购买产品后，希望销售员能够做到的服务。这个服务是由于顾客的一贯认知，在购买产品后的期望值。期望的服务是大部分优秀的企业都能够做到的，也是顾客想得到的，品牌的知名度越大，往往顾客的期望值就越高，就越需要更好的服务才能让顾客满意。例如：送货及安装服务是免费的，而不是另外收费的。又如上文"顾客投诉带来的订单"案例，销售员及售后师傅一小时内就到达顾客家里，及时为他处理。

3. 渴望的服务

渴望的服务则更进一步，体现顾客的内心需求，他渴望企业这样做，但是很多企业及销售员可能都做不到，只要企业及销售员能够比别人多做那么一点，就能营造顾客的满意。如上文"顾客投诉带来的订单"案例，虽然地板问题是由于顾客自身的失误导致的，但是销售员及售后师傅不但帮顾客将有问题的地板更换掉，并且还是免费的，这类可以归结为顾客渴望得到的服务，就算费用让顾客承担，顾客也会愿意的，但公司帮他免费处理了，顾客就会觉得满意。

4. 意料之外的服务

意料之外的服务是顾客根本想不到的，超出顾客想象的服务，这种服务能够有效地打动顾客，营造顾客的满意及忠诚。如上文"顾客投诉带来的订单"案例，进门的时候给顾客一份礼物，然后帮顾客免费换损坏地板，此外，还花了一个多小时为顾客地板打蜡、搞卫生，这些都是意料之外的服务。

（二）顾客对售后服务的评价标准

销售员要做好顾客的售后服务，就要明白顾客对售后服务是如何评价的，根据顾客的评价标准提供及时满意的服务，才能让顾客满意及忠诚。

1. 有形性

服务与实体产品最大的区别就是它们的形态，由于服务是无形的，看不见、听不见、摸不着、闻不到，消费者很难判断其质量好坏。因此，销售员所提供的售后服务要进行有

现代销售技术

形展示，化无形为有形，让顾客看到、听到、摸到、闻到，才会对顾客产生影响，如服务优势与竞争品牌的对比图，门店里闻到的玫瑰花香，看到的员工形象、门店形象，听到悠扬的音乐等，都是服务有形性的展现。

> **同步案例** 　**本田汽车4S店的售后服务**
>
> 　　广州本田汽车4S店内窗明几净，十分整洁，空气清新，还会播放悠扬的音乐，为每个前来保养或修车的车主营造一个舒适的环境。
> 　　如果车主前来修车或保养，从进门起就有专人接车和接待顾客，并负责跟进整个修车过程；接车员都穿统一制服，有专业的操作术语和流程，态度非常友好，具备良好的沟通能力，服务周到。
> 　　值得一提的是，待接车员接车后，车主会收到一张维修记录单，单据上明确标识出该汽车进店前身上的一些刮花痕迹或破损处，以及该汽车行走的公里数和油箱刻度，让车主放心把车交到店内。
> 　　汽车维修或保养耗时较长，考虑到车主需在店内等待较长时间，本田4S店还做了一个重要设计：把店内面向汽车维修车间的墙壁设计成落地玻璃，好让车主坐在店内的沙发上就能看见自己的爱车是如何维修的。此外，还给车主提供多项服务，如免费提供饮料、点心和饭餐，有的店甚至还设有咖啡厅和茶艺室；还有电脑、棋牌、按摩椅等娱乐设施供车主使用，为车主提供尽善尽美的服务。
> 　　**点评**：提供的服务一定是要让顾客看得到，感受得到的，如该案例里：干净舒适的环境；标准的服务流程及礼仪；茶点、餐食、娱乐等服务。

2. 专业性

从售后服务人员到达顾客家到离开，无时无刻都要体现自己品牌与竞争对手的不一样。进门时，先敲门、穿上鞋套，和顾客打招呼；安装时先做环境检测，征询顾客的安装要求，按照标准安装；收到售后投诉时，认真听取顾客投诉，给予专业的回答，并提出整改的方案等，都体现着销售员及售后师傅的专业性。

3. 可靠性

可靠性展示了服务的质量是可靠的，是顾客能够感受得到的，而不是销售员为顾客画饼充饥、建空中楼阁，承诺的服务很多，但做到的很少；或者只是临时性为顾客解决问题。

> **同步案例** 　**空调不制冷问题的投诉**
>
> 　　某品牌的售后服务中心接到了顾客的投诉说，买了空调不到两年时间已经换了一次雪种，现在又不制冷了，希望售后师傅尽快上门处理。
> 　　售后王师傅上门检查后发现，空调没有雪种，才导致不制冷的情况。顾客可不乐意了，说："去年你们的李师傅也是说空调没有雪种，让我加雪种。加完雪种后，去年夏天只开了三个月的空调，现在又没有雪种了，一定是空调质量有问题。"

第八章 售后服务

王师傅认真听取了顾客的投诉,抱着负责任的态度,认真检查了空调的压缩机,发现空调不制冷的主要问题是没有雪种,没有雪种的原因是因为空调漏雪种了。去年的李师傅只为顾客解决了没有雪种的问题,而没有为顾客解决空调漏雪种的问题,导致充好的雪种,很快就漏完了。

王师傅认真向顾客介绍了空调不制冷的主要原因,并为顾客彻底解决了漏雪种的问题。顾客比较满意。

点评: 为顾客提供的问题解决方案应该是永久性解决问题的方案,而非临时性的。顾客家里的空调无法制冷,售后师傅不但要为顾客的空调加上雪种,还要检查压缩机是否有问题,解决空调漏雪种的问题等,永久性为顾客解决问题。

4. 补偿性

服务具有补偿性,若销售员在哪方面"得罪"了顾客,怠慢了顾客,通过提供更多更优质的服务,能够让顾客忘记前面的不愉快,从而达到顾客满意的目的。

同步案例 五星级酒店的补偿

一间五星级酒店的房间内,床上躺着一位生病的顾客,床边站着酒店的总经理、公关部经理和客房部经理。顾客欧先生在该酒店的中餐厅吃完饭后,就上吐下泻,此刻正在房间里休息。

客房部经理内疚地说:"欧先生,这次真的很抱歉。我们一定会赔偿您的损失。"顾客愤怒地说道:"用不着赔偿,你等着收我的律师函吧。"酒店总经理见状,尝试开口劝说:"欧先生,我是酒店的总经理,这次事件真的非常抱歉。"但顾客打断道:"总经理又怎么样?我明天还要飞外国谈生意,你知道我损失有多少吗?不用说了,我一定会追究你们的责任。"说完,就扭过头去了。

这时,公关部经理转换话题说道:"欧先生,我记得去年这个时候,您好像也入住了我们的酒店,还和您太太一起。"顾客听着,态度才有些缓和,说:"是的,去年我太太生日,就带她来这里玩一下。可是今年她有事不能来了,我后天就是赶着要回去和她庆祝生日。现在搞成这样,你说怎么办?"公关部经理回答道:"其实我们都不想您赶不及回去的,但如果您坚持要状告我们,就要留下录口供以及办其他法律手续,到时候就真的赶不及去谈生意和为您太太庆生了。不如这样,我们不但给您升级住套房,明年的这个时候我们再给您夫妻留一间豪华套房,所有吃住都由我们酒店负责。您看可以吗?"

听了之后,顾客态度有所转变,但脸上还是露出犹豫的表情,总经理抓紧时机说:"我们还会赠送两张往返机票给你们,我想您太太一定会喜欢这份生日礼物的。""好吧,看在你们这么有诚意的份上。"顾客脸上终于露出了笑容。

点评: 很多商家对因其过失导致顾客出现的不满都会有一套补偿机制,而补偿的力度会根据其过失程度来决定。上述案例中的酒店,因为过失导致顾客身体不适,因此做出相应的补偿,这也体现了酒店的优质服务。

5. 响应性

响应性体现的是提供服务的速度，销售员应该在顾客最急需的情况下，及时给予服务，让问题得到解决，才能让顾客满意。这就是常说的服务过程的"关键时刻"。前北欧航空公司总裁卡尔森说过，航空公司每一个服务人员跟顾客接触的时间只有十几秒，但那十几秒就是非常重要的关键时刻，如果没有把握住，那就是负面的关键时刻，顾客感觉特别不好；如果感觉好，顾客会觉得还挺美妙，服务的价值才能体现。

▶ 内容结构思维导图

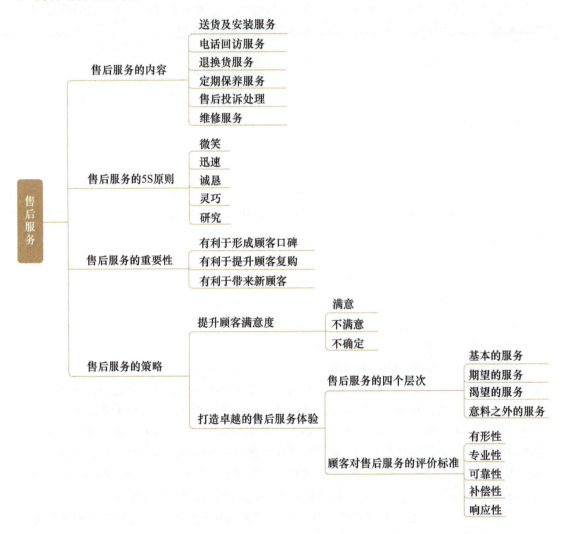

▶ 本章的重点和难点

- 售后服务的原则和重要性。
- 顾客满意度的理论内涵。
- 售后服务的四个层次（基本的服务、期望的服务、渴望的服务、意料之外的服务）。
- 顾客对售后服务的五个评价标准（有形性、专业性、可靠性、补偿性、响应性）。

第八章 售后服务

单元案例

以服务打动投诉顾客

在汽车4S店售后服务中心工作的小刘,三月份接待了一位车主,反映车在行驶过程中抖动,这让是外行的他总是提心吊胆,曾多次打电话咨询4S店,没有人给他一个准确的回复。因此,顾客对4S店的服务很失望。今天车在上坡时发生了抖动,差点发生溜车,这让顾客忍无可忍,直接将车开到了店里,情绪激动地要求退车。

顾客在4S店气冲冲地找到他的销售顾问,销售顾问耐心地倾听了顾客的诉说,对顾客的说法表示赞同,但销售顾问也明白,退车也只是顾客的一时气话,只要通过技术手段解决行车抖动问题,顾客应该也是认可的,于是这位顾客就被带到售后服务中心。

小刘经过试车和简单的检测,确定这是离合器的问题,而且更换离合器是厂家的召回行动,换下离合器应该就会解决顾客行车抖动的问题。

可是这并没有打消顾客的疑虑,顾客一再反问:换个离合器车就不会再抖了吗?

于是小刘向顾客详细地讲解了直接换挡变速器的工作原理,它是自动挡变速箱和手动挡变速箱的结合,变速箱里有许多大小不一、转速不一的齿轮,要通过不同齿轮的啮合来改变车速。但不同转速的齿轮是没有办法啮合在一起的,只有通过离合器的调节才能改变转速、顺利啮合。现在这辆车就是因为离合器的材质或者其他方面的问题,导致了离合器啮合时会偶尔发生不顺畅的情况。小刘安抚顾客情绪,说:"这不会影响行驶,而且厂家已经开始了召回行动,离合器在技术上比以前更好,更换离合器之后应该就能解决问题。"

听了小刘的解释,顾客的情绪也缓和了。于是小刘打电话给库房,库房说要三天左右才有货,小刘看到顾客脸上明显的失望神情,自己心里也不是滋味,也想尽快为顾客解决问题,这样顾客就不用再为这件事费神了。小刘打电话到附近城市的4S店售后服务中心,了解到那里还有货。他为顾客点了午餐,让顾客在店里吃午餐、休息一会,他就亲自开车出去取货了。

一个多小时后,小刘取回来了离合器。更换离合器后,抖动的问题终于圆满解决,小刘还免费为顾客提供了一次全车检测、四轮平衡、更换机油、洗车等服务,顾客非常高兴,连声感谢小刘帮他解决了问题。之后一个月,顾客还亲自来电告诉小刘,他的车再没有发生过行驶抖动的问题,感谢小刘给他帮了大忙。

后来,顾客成了小刘的忠实顾客,更是4S店的忠实顾客,每次保养修车都会找小刘,还为4S店带来了两个买车的顾客。他总是说,当初那么大的问题小刘都帮他解决了,以后有啥问题找小刘肯定都没问题。小刘也是每次都尽心尽力为顾客服务。小刘知道,用心付出收获了顾客的信任,这和自己第一次见到顾客时的耐心解释、用心服务是分不开的。

问题:

1. 从售后服务内容来看,小刘提供的是哪一项售后服务?请说明原因。

2. 从售后服务层次来看，小刘提供的哪些服务是顾客意料之外的？
3. 从顾客对售后的评价标准来看，本案例体现了哪些评价标准？

分析提示：

1. 售后投诉处理、维修服务。
2. 为顾客点午餐、免费提供保养、洗车服务等。
3. 有形性、专业性、可靠性、响应性、补偿性。

单元自测题

1. 售后服务的内容包括（　　）。
   - A．送货及安装服务
   - B．电话回访服务
   - C．退换货服务
   - D．定期保养服务
   - E．售后投诉处理
   - F．维修服务
2. 售后服务的5S原则包括（　　）。
   - A．微笑
   - B．迅速
   - C．诚恳
   - D．灵巧
   - E．简单
   - F．研究
3. 售后服务的重要性包括（　　）。
   - A．有利于形成顾客口碑
   - B．有利于提升顾客复购
   - C．有利于带来新顾客
   - D．有利于销售员成长
4. 售后服务的四个层次包括（　　）。
   - A．基本的服务
   - B．期望的服务
   - C．渴望的服务
   - D．意料之外的服务
   - E．意料之中的服务
5. 顾客对售后服务的评价标准包括（　　）。
   - A．一致性
   - B．有形性
   - C．专业性
   - D．可靠性
   - E．补偿性
   - F．响应性
6. 销售员接到顾客的投诉之后，两小时之内就带上一份礼物到了顾客家，体现的售后服务评价标准有（　　）。
   - A．有形性
   - B．响应性
   - C．可靠性
   - D．补偿性
   - E．专业性
7. 销售员小张知道顾客现在正在为小孩上小学的事情发愁，主动帮顾客找到了学校学位，这一行为体现的是（　　）。
   - A．基本的服务
   - B．期望的服务
   - C．渴望的服务
   - D．意料之外的服务
8. 能够让顾客满意及复购的情况是（　　）。
   - A．事前期待＜实际评价
   - B．事前期待＞实际评价

C．事前期待=实际评价　　　　　　　　D．事前期待≠实际评价

9．海尔建立售后流动服务站，将上门服务响应时间缩短至两小时，体现了售后服务5S原则的（　　　）。

A．微笑　　　　B．迅速　　　　C．诚恳　　　　D．灵巧

10．地板销售员小李为顾客免费更换出了问题的地板，并赠送顾客一年的免费保养服务，体现了顾客对售后服务评价标准中的（　　　）。

A．有形性　　　　B．响应性　　　　C．可靠性　　　　D．补偿性

单 元 实 训

以小组为单位，选择一个你熟悉的行业，如房产销售、汽车销售、美容院等，讨论并总结其服务四个层次所包含的服务内容。可参考表8-2中的案例。

表8-2　某地板品牌为顾客提供的服务层次

服务层次	销售过程服务内容	售后安装服务内容
基本的服务	舒适的环境，销售员的引导，标价要清晰，收费和免费的内容要说清	准时送达，地面清扫干净，地平检测，含水率检测，铺装前沟通铺装方法及铺装方位，按时完成铺装，不影响施工推进
期望的服务	免费上门测量，门店提供糕点、饮品、餐食，销售员服务专业，懂得为顾客考虑问题	送货入户，包装完好，工人穿着工装、鞋套，地面吸尘，试铺，挑色，墙面保护，异形铺装处理完美，每天完成作业后都收拾干净，工具、地板、垃圾分类分区存放
渴望的服务	给装修效果图，提供装修咨询，其他建材的推荐，带样板上门试铺	合理切割减少损耗，结合采光给出铺装建议，铺装后地板清扫干净，提供成品保护，将多余的板头收拾整理好，多余地板退货退款
意料之外的服务	学到了泡茶、品茶、家装风格等知识，提供Wi-Fi，上网随时比价，下雨送伞，天气热送冷饮、纸巾	结合家居风格给出铺装建议，提供甲醛免费检测，将全屋垃圾清扫干净并带到楼下垃圾桶，将大功率吸尘器留给顾客待全屋完成装修清洁后再取回

Chapter 9

第九章
销售闭环管理

教学导航

◌ 知识目标

◎ 理解"销售闭环管理"理论
◎ 理解销售员与顾客的关系理论
◎ 掌握五个销售闭环的特点、销售步骤及销售策略

◌ 能力目标

◎ 能阐述"销售闭环管理"的内涵及销售闭环的销售步骤
◎ 能够运用五个销售闭环的销售策略进行销售
◎ 能举例说明销售员与顾客建立的四重关系

顾客的两次进店

9月1日早上,小王在店门口迎宾,看到一台小轿车停在店门口,心想客人肯定是来看地板的,已经做好准备迎接。过了一会儿,却看见那位顾客并不是往他的门店走,他便立马向前冲过去询问是否需要木地板,顾客回答说地板已经看好了,她只是看到这个门口有个空位置可以停车然后去看别的建材。小王说:"您为什么不再对比一下我们品牌的地板呢,今天把车停在我们门口刚好也是一个缘分,我可以讲解一下如何挑选合适的地板。"顾客就答应进去看看。

他把顾客带入店内,简单介绍后推荐了几款产品,顾客却反问了他几个专业的问题,他一时回答不上来,想找其他老员工帮忙,却看到大家都在接待顾客。他心里慌张,但表面还是尽力说服顾客,可惜经过几番介绍顾客还是走了,电话也没有留下,他一阵失落。

顾客走后,小王一直守在她的车子面前,一个小时后顾客回来开车,他便鼓起勇气再次尝试沟通:"杨姐!可能我刚开始讲得不够仔细,我希望再次跟您讲解一下为什么我们的产品价格高于其他品牌,我一定会仔细为您讲解清楚,请再给我一次机会吧!"顾客竟又答应了,再次进店后,小王拿着地板一遍又一遍地介绍,时间慢慢过去一个多小时,最后顾客说愿意下单的时候,他都没有反应过来;而且顾客的最后一句话让他非常有成就感,顾客说:"我签这单只是因为你的努力及服务。"这句话给了小王无比强大的力量。

讨论:
1. 这个案例里体现了本书第二章到第八章的销售流程里的哪些步骤?
2. 顾客第一次进店没成交又离开,是因为销售员哪个步骤没有做好?
3. 顾客第二次进店成交了,是因为销售员做好了哪个步骤?

前面的七个章节,从第二章到第八章,每一章就是一个销售步骤,将这些步骤连接起来就形成了一个标准的销售循环,笔者将其称作"销售闭环"。所有销售工作几乎都在遵循着这七步规律进行循环。销售员根据这七步来推进销售工作,就可以避免无序的引导,甚至被顾客牵着走,不利于销售成交的局面。

但在实际工作中,销售员会面临不同的顾客群体,并非每一次销售工作都需要走完七个销售步骤。每次需要走多少个步骤,是由顾客对销售员的服务满意程度来决定的;也是由销售员与顾客的"关系"来决定的,因为顾客与销售员的"关系"越深厚,顾客就越信任销售员,能省去的销售步骤就越多,销售闭环管理的步骤就越少,越容易达成高效成交。

所以,本章重点讲述陌生顾客、转介绍的顾客及不同满意程度的老顾客购买时,形成的不同销售闭环的特点、销售步骤,以及销售员与顾客关系对销售闭环的影响。

第九章 销售闭环管理

第一节 销售闭环管理的步骤与策略

一、销售闭环管理的内涵

销售闭环管理指的是在销售流程的七个步骤中，选择不同步骤连成闭环，从而形成五个大小不同，代表着销售步骤也有所不同的"销售闭环"；不同的销售闭环适用于不同类型顾客群体的销售工作，如图9-1所示。这五个销售闭环所对应的顾客群体分别为：

第①环：陌生顾客，销售闭环管理有7个步骤。
第②环：转介绍顾客，销售闭环管理有5个步骤。
第③环：满意顾客复购，销售闭环管理有4个步骤。
第④环：非常满意顾客复购，销售闭环管理有3个步骤。
第⑤环：忠诚顾客复购，销售闭环管理有2个步骤。

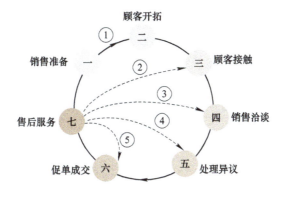

图9-1 销售闭环管理

二、陌生顾客的销售闭环管理

刚从事销售工作的销售员面对的基本都是陌生顾客，老销售员也需要不断开拓新顾客，以完成销售业绩。此时，销售员需要根据销售闭环管理第一环的七个步骤引导顾客，从而达成交易。

（一）陌生顾客的特征

陌生顾客又叫新顾客，是销售员待开发的销售对象。销售员唯有不断去开发更多的陌生客户，才能占领更大的市场份额，获得竞争优势，完成销量目标。那么陌生顾客有哪些特征呢？

（1）不熟悉：陌生顾客对销售员及所销售的品牌认知不足。

（2）不信任：陌生顾客由于是第一次接触品牌及销售员，对品牌及销售员的信任都很有限。

（3）爱对比：陌生顾客也许会有自己已经熟悉的品牌及销售员，他会将新品牌与自己熟悉的品牌做对比。

（二）陌生顾客的销售步骤

第一步：销售准备。按照第二章的介绍内容，做好充分的销售准备，才能有信心应对接下来的销售工作。

第二步：顾客开拓。作为初次做销售工作的销售员，只能不断地开发更多的陌生顾客，才可能获得成交的机会。开拓顾客的方法，参照第三章的内容。

第三步：顾客接触。顾客接触的关键在于建立顾客的信任，只有获得顾客的信任，后面的步骤才能更好地推进。具体方法参照第四章的内容。

第四步：销售洽谈。这一步在于深入了解顾客的需求，从而有针对性地介绍产品，以满足顾客的需求，获得顾客的成交意向。具体方法参照第五章的内容。

第五步：处理异议。在顾客洽谈中，顾客一定会有各种异议需要处理，包括产品质量问题、价格问题、交货期问题、售后服务问题、付款问题等，这些问题都需要销售员进行及时处理。具体的处理方法参照第六章的内容。

第六步：促单成交。在顾客异议得到处理，顾客对销售的产品也已经接受的情况下，销售员就要及时去进行促单，加快成交的进度。具体的促单方法参照第七章的介绍。

第七步：售后服务。这一步，笔者认为是销售环节里非常重要的一步。这是第一轮销售的结束，也是下一轮销售的开始。售后服务的好坏，会决定销售员下一轮从哪一步开始销售。笔者建议销售员要提供优质的、超越期望的售后服务，营造顾客的忠诚，从而让顾客重复购买或推荐朋友来购买。

（三）陌生顾客的服务策略

初进入销售领域的销售员，做好陌生顾客的跟进及成交转化非常关键。也只有积累了足够多的陌生顾客资源，才能通过陌生顾客的成交，来推动销售闭环管理的步骤不断减少。对于陌生顾客的服务跟进要注意以下几点：

（1）尽可能接触到更多的潜在陌生顾客。接触的潜在陌生顾客多了，成交的顾客才会不断增加。

（2）在顾客接触环节注重建立起顾客的信任，而不是急于销售自己的产品。

（3）陌生顾客的下单过程会比较长，一般会有多次的反复对比、沟通洽谈才会决定购买，销售员要有足够的耐心，保持接触沟通，才会有成交的可能性。

（4）在售后服务环节，注重陌生顾客成交后的关系维护，其目的是顾客的重复购买或转介绍朋友购买，从而减少自己的销售步骤，达成高效成交。

三、转介绍顾客的销售闭环管理

转介绍顾客指的是销售员身边的亲友或已成交的老顾客转介绍的新顾客。转介绍顾客购买的销售闭环，笔者将其定位为销售闭环管理的第二环，可以直接从"顾客接触"开始，省去了"顾客开拓"等前面的步骤。

（一）转介绍顾客的特征

亲友或已成交的顾客转介绍的新顾客，由于与亲友、已成交顾客的关系，所以会对其转介绍的品牌有了初步的信任基础，这类新顾客会比销售员去开拓的陌生顾客更容易达成交易。所以转介绍顾客具备以下特征：

（1）无须销售员亲自去开拓，节省时间。

（2）有一定的信任基础，更容易接受销售员的推荐。

（3）比陌生顾客更容易达成交易。

（二）转介绍顾客的销售步骤

第一步：顾客接触。由于有已成交顾客的推荐，销售员可以省去前两步"销售准备""顾客开拓"的工作，直接接触顾客。

第二步：销售洽谈。了解新顾客的需求及介绍所销售的产品。

第三步：处理异议。为新顾客解答疑问。

第四步：促单成交。让新顾客尽快下单。

第五步：售后服务。为新顾客提供更好的售后服务。这是对已成交老顾客或亲友的"报答"——老顾客或亲友推荐的新顾客一定要服务好，他们才会愿意源源不断地为销售员推荐更多的新顾客。新顾客也会感受到由于有老顾客或亲友的推荐，自己获得的"面子"——销售员对自己的尊重与重视。

（三）转介绍顾客来源的激励策略

对于已经成交的老顾客，销售员应将其作为宝贵的资源，通过已成交的顾客来达成与他身边更多新顾客的接触，那么，就需要对已成交顾客有一定的激励政策，让已成交顾客及他转介绍过来的新顾客能够同时获得"好处"。这个"好处"可以是活动的优惠、服务的赠送、礼品的赠送、积分的赠送、佣金的返点等。这样才能激发已成交顾客转介绍新顾客的动力，也能够让转介绍过来的新顾客享受到与陌生顾客不一样的优惠及服务。

同步案例　　签合同后才给的三张优惠券

某汽车公司的4S店对于已成交的顾客会发送三张1 000元的实名登记优惠券。已成交的顾客可以将优惠券给到他身边有购车需求的三位新顾客（每人每次只允许使用一张），这些新顾客拿优惠券到店里购车，除了可以获得4S店里正常的活动优惠之外，还可以额外减免1 000元，同时，已经购车的顾客，由于他介绍的新顾客使用了1 000元的优惠券，他的VIP账户就会多1 000积分，可以兑换一次免费保养服务。

通过这个活动政策，每年由已成交的顾客带来的新顾客就有数百人，比任何的广告媒体投放效果都好。因此该4S店将广告费用预算每年缩减100万元，用于已成交顾客转介绍新顾客的优惠及返积分。在不增加销售成本的同时，还降低了获客成本。

其财务算过一笔账，给新顾客使用的1 000元优惠券，给老顾客的1 000分积分（折现为保养服务约为350元），都列入广告获客成本，那么一个新顾客的获客成本为1 350元，而全年广告投放获客成本为3 000元/人。

点评：重视已成交顾客的关系维护，让老顾客持续带来新顾客，实现顾客资源的裂变，可以提升销售效率，降低获客成本。

对于亲友转介绍的新顾客，同样也需要有激励。但激励的方法与已成交顾客的激励法有所不同。由于都是身边比较熟悉的人了，所以销售员遵守"礼尚往来"的准则即可。即亲友介绍新顾客过来成交后，及时上门拜访亲友，并带上相应的礼物。但一般不要直接给金钱方面的佣金，除非是公司有相应的"全民营销激励制度"。

同步案例　恒大全民营销政策

2020年初，受市场大环境低迷的影响，房地产公司都比较急于提振产业，提升现金流。恒大推出了"全民营销"政策，购房者签署网上认购书后，即可享有购房优惠、赚取佣金和奖励。根据本人购买、推荐他人购买、第三方购买、未成功购买等不同情况的政策包括：

1．**自购：存5 000抵20 000**

本人购买的，在缴纳首期款并签署"产品房买卖合同"时，定金5 000元转为房款，并享受房屋总价减20 000元的额外优惠。

2．**推荐购买：1%佣金及万元奖励**

推荐他人购买的，可获得"恒房通"1%佣金及10 000元奖励，并获返还全额定金。

3．**第三方购买：定金全退再补5 000**

如有第三方购买，恒大将返还定金5 000元，同时给予补偿金5 000元。

4．**未成功购买：定金全退**

若预订房源5月10日前未被成功销售的，定金5 000元将于5个工作日内返还。

5．**推荐奖励：最高500元**

"恒房通"推荐奖励，每推荐1个新顾客奖励100元，最高奖励500元。

此外，自签署"产品房买卖合同"及"无理由退房协议书"之日起，至办理入住手续的任何时间，均可享有无理由退房权利。

点评：恒大通过这个政策捆绑了一批有购房需求的消费者，同时也推动了全国数百万的消费者成为恒大的销售员，并且瞬间获得了数亿元的现金流，可谓一举三得。

四、老顾客复购的销售闭环管理

老顾客复购的前提条件是对上一次购物十分满意。越满意，复购的可能性就越大，复购时需要经历的销售步骤就越少。在第八章提到了顾客的满意度公式，销售员遵循这个法则，为顾客提供超越期望的服务，就能够让顾客满意。根据顾客满意度不同，可把老顾客分成满意顾客、非常满意顾客和忠诚顾客，以下是不同类型的老顾客复购时所要经历的销售步骤。

（一）老顾客的特征

老顾客的重复购买相对于陌生顾客、转介绍顾客的购买过程会更加简单，但并不意味

着销售员可以更加随性,老顾客有以下特征:

(1)更容易购买:由于有上一次的购物体验及使用感受,老顾客对该品牌及销售员已经比较信任,所以更容易做出购买决定。

(2)服务要求更高:老顾客会将本次的服务、价格优惠等与上次的进行对比,若觉得服务差了,价格高了,老顾客会有被"怠慢"的感觉,从而做出不购买的决定。所以,针对老顾客的复购,要提供更加优质的服务、更多的优惠政策,才能让老顾客持续购买。

(3)付出的成本更低:表面上看,销售员给到了老顾客更多的优惠、更好的服务,付出的成本比陌生顾客的成本都要高,但实际上,开发一个新顾客要比维护好一个老顾客多花6倍的成本。

(4)老顾客复购的客单值更大:研究表明,复购的老顾客会比陌生顾客购买更多的产品或趋向于选择单价更高的产品。

(二)老顾客的复购步骤

1. 满意顾客的复购步骤

满意顾客复购遵循销售闭环管理的第三环的步骤。由于对销售员有了信任的基础,在和顾客见面后,可以直接进入销售洽谈的步骤,为顾客解决问题后就能达成交易。

第一步:销售洽谈。顾客对上次购买的产品比较满意,往往不用销售员去找顾客,顾客都会主动找上门来或者主动联系销售员。销售员与顾客接触之后,就可以直接从介绍产品开始进入销售洽谈。

第二步:处理异议。顾客的异议也许是上次服务不是很到位的地方,顾客会主动提出他的担心,销售员及时给予解决,就能获得成交的机会。

第三步:促单成交。对于这类顾客几乎不用促单,就可以进入成交的阶段。

第四步:售后服务。对于复购的顾客,他对销售员的售后服务是熟悉的,有期待的。不要以为是老顾客了,就可以怠慢,销售员应该要比陌生顾客的成交更加重视。若顾客对前后两次的服务进行对比,这次的服务没有达到顾客的期待,顾客就会不满意,老顾客就会流失。

满意顾客的复购比陌生顾客的成交步骤减少了三步,大大减少了销售的时间,提升了效率。

销售话术

销售员:"王先生,上次买的产品用得还可以吧?"

顾客:"还不错。"

销售员:"这次想看些什么产品呢?"

顾客:"我还没有想好,你帮我介绍介绍吧。"

销售员:"这款产品是最新推出的高科技产品……"

顾客:"产品还可以。售后安装方面能够及时帮忙安排吗?"(看来顾客对上次的售后安装不是很满意)

销售员:"您放心,优先帮您安排。绝对不会出现上次安装师傅安排不到位的情况。"

2. 非常满意顾客的复购步骤

非常满意顾客对销售员及产品的信任度是非常高的，他不会担心产品的质量问题及销售员的诚信问题。所以几乎不用做过多的产品介绍，顾客就会接受。但顾客也许还有一些待解答的疑问，需要得到销售员的解决。所以，非常满意顾客的复购，几乎就是从处理异议开始的。

第一步：处理异议。顾客的异议也许是来自产品型号规格、价格、礼品赠送、服务等方面，只要销售员及时解决了顾客的异议，交易就可以达成。

第二步：促单成交。对于非常满意的顾客，成交是水到渠成的事。

第三步：售后服务。提供更优质、更周到的售后服务，是让老顾客继续保持非常满意的核心，也是将非常满意顾客转化成忠诚顾客的重要一步。

> **销售话术**
>
> 顾客："上次买的那款用得还可以，这次想买一款寄回农村给父母用，不知道上次那款是否合适？"（型号的异议）
>
> 销售员："买给老人用的话，一定要简单，方便操作，我觉得这款比较适合。"（提供解决异议的方案）
>
> 顾客："那听你的。那么我怎样送回农村去呢？你们公司可以提供物流送货服务吗？"（售后服务异议）
>
> 销售员："同城我们是免费送货的。但您这次要送出省了，我们公司也没有物流可以送过去，要不这样，我帮您送到物流公司，从物流公司送到您农村家里的费用由您来支付，可以吗？"（提供解决异议的方案）
>
> 顾客："那好吧。"
>
> 销售员："那我现在为您开单啦。"

3. 忠诚顾客的复购步骤

忠诚顾客对品牌、销售员、公司服务都具备了较高的信任度，甚至达到了非该品牌不买，非该销售员不买的程度。若顾客对销售员都具备了很高的认同及信任度，顾客会将需求告诉销售员，由销售员为自己做主完成下单，就像找自己的亲人购买产品一样。对于这类顾客的销售流程比较简单，将方案提供给顾客后，顾客认同了，就可以直接为顾客下单。所以，对于忠诚顾客，销售员是从成交开始的。

第一步：促单成交。按顾客的要求，为他提供满足其需求的方案就可以达成交易。

第二步：售后服务。销售员要一如既往地为忠诚顾客提供更加优质的服务。

> **销售话术**
>
> 销售员："李姐，您这次还是买上次一样的吗？"
>
> 顾客："你帮我做主吧。"
>
> 销售员："我们公司新上了一款保湿效果更好的，很适合您的肤质，您要不要试试？"

第九章　销售闭环管理

> 顾客："你觉得适合我就行，我相信你。多少钱，我直接微信转给你。最近比较忙，就懒得去你门店了。"
> 销售员："那行。我下班顺便送到您家给您吧。"
> 顾客："那麻烦你啦，可以顺便在我家吃个晚饭。"

忠诚顾客由于有非常高的信任基础，他的购买会非常干脆利落，交给销售员去帮忙决定，就好像交给自己的朋友去做一样。他经常会说一句："相信你，你帮我搞定就行，要多少钱，我给你。"对于销售员来说，服务这类顾客的效率是最高的。因为可以省略前面的所有步骤，直接进入成交。那么，作为一名销售员，就要通过售后服务，增加更多的忠诚顾客，并且与顾客形成更深层次的关系。

（三）老顾客的服务策略

销售员不但要开拓新顾客，还要维护老顾客，精力也是有限的，无法对所有老顾客给予同样的服务，所以需要抓重点，对于为业绩贡献更大的重点老顾客进行重点的关注和服务。这就需要对老顾客进行分级管理。

老顾客分级方法有很多，有按照销售成交金额来划分的，也有按照所销售的产品档次来划分的，还有按照顾客的职业来划分的；但无论按照哪种来划分，都会存在其缺点。所以，笔者建议以积分多少来划分，根据行业特点，充分考虑各个因素的权重，搭配相应的积分，以积分的多少来确定A类、B类、C类顾客，针对不同种类的顾客，提供不一样的售后服务。通过服务达到的最低目标是将A类顾客发展成为忠诚顾客，将B类顾客发展成为非常满意顾客，将C类顾客发展成为满意顾客；终极目标是将所有顾客都发展成为忠诚顾客。

同步案例　　地板品牌的老顾客服务

××品牌老顾客积分管理见表9-1。

表9-1　××品牌老顾客积分管理

购买产品种类	实木地板	实木复合地板	强化及弹性地板
	积30分	积20分	积10分
购买产品总额	20 000元及以上	10 001~19 999元	10 000元及以下
	积50分	积30分	积10分
购买产品时长	10年以上	5~10年	5年内
	积30分	积20分	积10分
奖励加分	已有过推荐顾客行为	对品牌满意度评价高，并有帮忙转发广告的行为	不愿意沟通、交流
	积20分	积10分	积-10分
顾客分级标准	A类顾客70分及以上	B类顾客51~69分	C类顾客50分及以下
服务策略	提供超越顾客意料的一些服务	提供顾客渴望的服务	提供基本的服务
服务内容	1. 顾客的生日带上鲜花、果篮上门问候 2. 1年2次的上门保养，打扫全屋卫生、除螨等 3. 外出旅游时为顾客特别带手信	1. 顾客生日送鲜花 2. 1年2次的电话回访 3. 1年1次上门保养，保养时多带2盒精油当作礼物给顾客	1. 节假日、生日等重要日子微信问候 2. 电话回访1年2次 3. 上门保养1年1次

第二节　顾客关系对销售闭环的影响

上一章重点阐述了售后服务的重要性，顾客对售后服务是否满意的检验标准就是顾客愿意为销售员回馈什么或为销售员提供什么帮助。根据顾客对销售员的回馈程度，笔者将其总结为顾客与销售员的四重关系。顾客关系越深，顾客对销售员就越信任，愿意为销售员付出的就越多，对其推荐的新顾客进行销售，经历的销售闭环步骤就越少。可见，销售员与顾客之间的关系会牵涉销售员对销售闭环管理的选择，不同的顾客关系所经历的成交步骤也是不同的。

一、顾客成为品牌传播者

如果顾客对在消费过程中获得的服务及体验比较满意，则会乐意帮忙传播销售员的品牌，乐意帮助销售员推广产品，如：自发地在自媒体（如微信朋友圈、抖音、微博等）上发布购物感受或广告、帮销售员向身边朋友推荐等，从而成为销售员的品牌传播者。

（一）顾客成为品牌传播者对销售员的好处

根据销售的250法则，一个人最少会影响身边的250个人。因此，让顾客帮忙发购物感受、品牌广告等，会影响更多身边的人认识销售员销售的产品及品牌，能起到比其他媒体广告更好的传播效果，并且这个广告是免费的。

（二）让顾客成为品牌传播者的方法

让顾客帮忙为产品发朋友圈做宣传的操作步骤如下：

第一步：为顾客提供良好的购物过程体验。

第二步：了解顾客的感受是否满意。

第三步：对满意的顾客提出帮忙发朋友圈的请求；对不满意的顾客及时解决问题，营造顾客满意。

第四步：对顾客帮忙在朋友圈发广告的行为给予及时的激励。

> **销售话术**
>
> 销售员："很高兴您选择了我们的产品，我想和您合个影，可以吗？"
> 顾客："可以的。"（让顾客手持"始终如一，服务周到，我为××品牌代言"的牌子和销售员一起拍照）
> 销售员："您能否将我们的照片发到您的微信朋友圈呢？"
> 顾客："可以的。"
> 销售员："您发朋友圈的时候能否帮忙加上这句话呢？'我今天在××品牌订产品了，××店销售员小张的服务很好，有需要的朋友可以去找他，他的电话号码

第九章　销售闭环管理

> 是……'这句话我已经编辑好了，发到您微信上，可以吗？"
> 顾客："好的，我帮你发。"
> 销售员："为了感谢您帮忙发朋友圈，我特别为您准备了一份礼物。请您收下。"

（三）顾客成为品牌传播者对销售闭环的影响

由已成交的老顾客帮忙推广而带来的新顾客，出于对老顾客的信任，他对销售员也会有初步的信任。对于这类顾客，销售员在销售闭环管理的步骤中，可以忽略售前准备、顾客开拓这两步的内容，直接从顾客接触开始，销售闭环管理的步骤就缩减了两步，成交的效率就会提升。

二、顾客成为推销员

和顾客形成的第二重关系是让顾客成为自己品牌及产品的推销员，让顾客愿意帮忙向他身边的朋友推荐销售的产品，或转介绍自己的朋友过来购物，或让朋友与销售员联系。

（一）顾客成为推销员对销售员的好处

让顾客成为推销员的好处就是，通过老顾客的推荐，让销售员能够源源不断获得更多的优质顾客，从而更有利于销售工作的开展及销售业绩的达成。

（二）让顾客成为推销员的方法

要让顾客成为品牌的销售员，除了购物过程体验满意之外，销售员还要多做一些售后服务的工作，让顾客真真切切感受到产品及服务的与众不同，他才会乐意去帮忙做"免费的销售员"。将顾客变成免费销售员的实操技巧包括：

1. 让顾客放心

顾客下定或购买后，要让顾客放心才能让顾客持续或重复购买产品。下定金的顾客最怕的就是下完定金后再也联系不上销售员；购买后的顾客最怕的就是出了售后问题，销售员在推卸责任，让顾客自己打售后热线。所以，销售员应及时解决顾客的担心，为他提供最周到的服务，让其放心。

2. 增强顾客的黏性

在粉丝经济时代，将顾客变成你的"粉丝"，保持和顾客的互动，增强顾客的黏性尤其重要。销售员要形成自己的顾客关系，维护行动规范，如：什么时候打电话回访顾客，什么时间发问候短信，什么时候发保养提醒，什么时候发生日祝福，什么时候登门拜访。同时，回访、沟通的时间及内容都要做好规范。

3. 主动提出让顾客帮忙销售或转介绍顾客

当销售员回访顾客或和顾客日常维护沟通中，发现顾客比较满意，并且大家沟通得也比较顺畅的时候，销售员要及时提出"帮忙销售或转介绍顾客"的请求。这时，顾客一般不会拒绝。

现代销售技术

> **销售话术**

销售员："王先生，您好。您购买我们的产品已经有3个月的时间了，使用过程中有什么问题吗？"

顾客："使用得很好，没什么问题。"

销售员："您对我们公司的产品及服务还满意吗？如果让您帮忙打个分数，10分是最高分，您能打多少分？"

顾客："打10分吧。"

销售员："感谢您的好评。也希望您能将我们的产品推荐给您身边的朋友使用。您身边有朋友需要买地板吗？"

顾客："我邻居也准备装修了，我问问他是否要定地板。"

销售员："谢谢您的推荐。能否将您邻居的电话号码或微信号推荐给我呢？我也会一如既往地为他提供优质的服务。"

顾客："好的，我推荐他的微信名片给你。"

销售员："感谢您的推荐。若他成功购买我们的地板，我将为您多赠送一年的地板保养服务。以后您身边有朋友需要买地板的话，也记得让他来找我哦。"

顾客："好的。"

（三）顾客成为推销员对销售闭环的影响

老顾客帮忙推销带来的新顾客，由于与老顾客有较好的关系，出于对老顾客的信任，对老顾客所推荐的品牌及产品也会比较信任，所以，对这类新顾客的销售闭环管理步骤可以直接省去前三步，从第四步销售洽谈开始，由于有信任的基础，新顾客对销售员所推荐的产品也会比较容易接受。

> **销售话术**

顾客："王店长您好，我是刘凯，是你的老顾客李欣老师推荐过来的。您看看有什么性价比高的地板，帮忙推荐一下啦。"

店长："刘先生，您好。李老师家的地板我们上周刚刚铺装完毕，他非常满意，说要给我推荐个朋友过来。原来就是您啊。您放心，我一定帮您推荐最适合您的地板。"

店长："您家是什么装修风格的？大概想买实木、还是实复呢？"

顾客："……"

店长："根据您家的需求，我觉得这款野生原木的二翅豆非常适合您。"

顾客："的确挺不错。还能便宜点吗？"

店长："价格您就放心啦，我一定会给您最低的。像给您的朋友李老师的价格一样，都是标牌价打7折，这是比活动价7.5折还要优惠的价格了。您觉得可以吗？"

顾客："好吧，就买这款吧。"

三、顾客成为朋友

和顾客成为朋友，那是销售员和顾客更深层次的关系。销售员与顾客像朋友一样经常接触，经常交流，还会互相帮助。

（一）顾客成为朋友对销售员的好处

与顾客成为朋友之后，顾客不但愿意帮忙转发广告、愿意推荐新顾客过来购买，更会愿意亲自带上自己身边有需求的新顾客上门采购。

（二）让顾客成为朋友的方法

与顾客成为朋友，那是销售员与顾客经常互动、频繁沟通、经常接触的结果。根据心理学的"纯粹接触效应"，人们会偏好自己熟悉的事物。在交际上，顾客见到某人的次数越多，就会觉得此人令人喜欢。让顾客成为销售员朋友的方法有：

（1）线上接触法。保持微信、短信、电话等的沟通，给予顾客关心、帮助、节假日的问候等。

（2）恰好路过接触法。当和顾客关系还不是很深的时候，主动邀约顾客见面、吃饭、喝咖啡等，顾客可能会拒绝。但以恰好路过的名义接触顾客，顾客往往不会拒绝。例如：告诉顾客，您恰好经过他的公司，顺便带份从国外买回来的手信给他；或者说恰好到他的小区拜访一位朋友，顺便去他家里坐坐。

（3）主动邀约接触法。对于关系相对较好的顾客，可以约他一起参加家庭聚会、外出游玩、活动聚餐等。通过这些主动的接触，能够有效增强与顾客的关系，从而形成长久的朋友关系。

销售话术

节日问候。王哥，您好，中秋节到来之际，祝您阖家团圆，幸福快乐。您的家居顾问：张××，电话：13822228×××。

生日问候。王哥，明天就是您的生日了，您准备怎样过呢？提前给您送上生日祝福：身体健康，工作顺利，永远都那么帅气！您的家居顾问：张××，电话：13822228×××。

平时问候。王哥，今天将会降温5度，请您注意保暖，保重身体。您的家居顾问：张××，电话：13822228×××。

关注他的朋友圈。王哥，看到您的朋友圈，您昨晚去唱歌啦？少喝点酒，对身体好哦。您的家居顾问：张××，电话：13822228×××。

邀约见面。王哥，周六有时间不？一起出来喝茶啊。

找借口见面。王哥，今天我恰好经过您的小区，您在家不？我上去坐坐，顺便带了份礼物给您，感谢您上次介绍朋友过来买地板。

半年后。王哥，您安装了我们的××地板恰好半年了，不知道您使用得怎么样？若遇到问题请尽管和我说，当然啦，若您或您的朋友需要买地板，也请您告诉我哦。您的

现代销售技术

> 家居顾问：张××，电话：13822228×××。
>
> 一年后，王哥，您安装了我们的××地板已经1年了，不知道您使用得怎么样？我想上门去拜访您，顺便帮您的地板打打蜡，您哪天在家呢？您的家居顾问：张××，电话：13822228×××。

（三）顾客成为朋友对销售闭环的影响

老顾客成为朋友后，他不但会帮忙推销产品，还会带上身边的朋友过来找销售员购买产品。由于有老顾客的陪同，新顾客出于对老顾客的信任，从而会转化为对销售员及产品的信任，几乎不用做过多的介绍，只要销售员解决了顾客的疑问，他就会购买。所以，针对这类老顾客带过来购物的新顾客，销售闭环管理的步骤会更少，可以直接从第五步"处理异议"开始，让销售成交变得更加高效。

老顾客转介绍购买演练

演练背景：

老顾客："李经理，我又来了。"（顾客老远就和我打招呼，身边还有两个人）

销售员："王老板，很久不见，什么风把您吹来啦？"

老顾客："我今天不是来看您的，我是带我的两位朋友过来买东西的。这两个都是我的好朋友，他们家的别墅正在装修，准备定地板，您帮他们好好介绍一下。"

销售员："没问题啊，我一定会让您的朋友挑选到合适的地板的。您先在这里喝茶、嗑瓜子，我为您的朋友好好介绍介绍。"

（通过1个小时的讲解，老顾客的两位朋友都挑好了地板）

销售员："王老板，您过来帮忙看看您朋友挑好的这款地板怎样？"

老顾客："老张、老黄，你们的眼光还不赖啊，这两款的确挺好的。就定这两款吧。"

销售员："那我去为你们开单啦。你们先坐下喝喝茶、聊聊天。"

四个同学为一组，一个扮演销售员李经理，一个扮演王老板，另外两个分别扮演王老板的朋友：老黄、老张。模拟上述情景开展销售演练；完成对话后，李经理的扮演者说说这次的成交经历了哪些销售步骤，感受是什么？老师进行点评。

四、顾客形成依赖

让顾客对销售员形成依赖，那是与顾客关系中的最高层次。能够让人们形成依赖的，一般都是顾客身边非常亲密的人，如：他的父母、妻子、孩子、兄弟、非常要好的朋友，等等。顾客对销售员形成依赖，最突出的表现就是经常咨询销售员的意见，无论是购买产品所需要解决的问题，还是他家里的一些事情，都会与销售员进行沟通，听取解决方案。这类顾客一定是销售员的忠诚顾客。

（一）让顾客形成依赖对销售员的好处

这类顾客可以说是销售员的"忠实粉丝"，会非常忠诚于这个品牌及销售员，他不但会帮忙发布广告、推荐朋友购买、带领朋友过来购买，他还会极力去向他的朋友销售这个品牌的产品，听到其他人说这个品牌不好的时候，他会主动站出来，拥护这个品牌，就好像他自己就是这个品牌的销售员一样。这样的顾客，相当于销售员的"分身"，对销售员提升业绩可以起到非常巨大的帮助。

（二）让顾客形成依赖的方法

这类顾客的形成，需要销售员有特别的付出或特别的才能，或是在顾客最需要帮助的时候，销售员伸出援手，感动了顾客；或是在顾客最无助的时刻，销售员及时出现在顾客身边，给予他帮助与安慰；或是销售员具备某方面的突出特长，顾客把销售员当老师一样崇拜。

空客公司的销售总监曾经说过：我不是将顾客当上帝，而是将顾客当作学生。我不但会开飞机，还会修飞机，当顾客的飞机出现问题，打售后服务热线都无法解决的时候，打我的电话就能得到解决。形成依赖后，顾客不但有任何事情都会找销售员，有朋友要购买产品或自己有产品的需求，也会第一时间想到销售员。

（三）让顾客形成依赖对销售闭环的影响

对销售员形成依赖的老顾客带来的新顾客，这位老顾客不但会对产品、品牌进行推介，甚至还会为销售员完成销售闭环管理的前五个步骤，销售员要做的只是和新顾客签单或签订合同及售后服务的工作。对于这类新顾客，销售员的销售闭环管理的步骤就只有最后两步，大大节省了销售员的时间，能够真正达到高效成交的目的。

▶ 内容结构思维导图

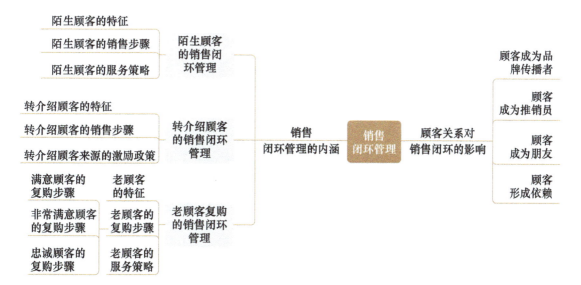

▶ 本章的重点和难点

- 销售闭环管理的内涵。

现代销售技术

- 五类顾客销售闭环的步骤和策略（陌生顾客、转介绍顾客、满意顾客、非常满意顾客、忠诚顾客）。
- 销售员与顾客建立的四重关系（成为品牌传播者、成为推销员、成为朋友、形成依赖）。

单元案例

和顾客做朋友，建立长期关系

小彬是A市某地板品牌专卖店的销售专员，他非常懂得处理与顾客之间的关系，常常把顾客当成朋友。有一次，店里来了一位新顾客，小彬如常热情接待，可惜该顾客看了一下产品，觉得价格有点贵，没有成交就离店了。他离开前，小彬还是抓住机会添加了他的微信，他们就一直微信联系着。

通过微信，小彬知道顾客家里正在改水电，就介绍了自己的亲戚给他，为他省下不少费用。半个月后，小彬再次打电话给顾客问装修进度，顾客忧心地说："家里老爷子病了，而且病得挺严重。这段时间先顾着老爷子，装修停了。"小彬听后，连忙安慰顾客说："哥，别着急，多领着老爷子看看医生。"然后又以个人名义给顾客发了个红包，让他给老爷子买点营养品；顾客没矫情，也把红包收下了。后来，这位顾客的父亲做了手术，手术很成功，身体也渐渐恢复了。顾客请小彬吃饭时，感激地说："彬子，你能想着帮我省钱，我家里有事你还惦记着，你这个兄弟我交定了。"就这样，小彬渐渐与顾客成了朋友。

不久，店里开展大型活动。小彬便邀请该顾客参加活动，顾客毫不犹豫地就给他转了4 000块钱，说："彬子，活动我就没有空过去参加了。你帮我订吧，我相信你！"这个单子就这么快速地成交了。小彬还了解到，原来顾客在认识他之前已经定了另一个品牌的地板了，后来因为小彬的关系，顾客毅然把定金退了，转买小彬店里的产品。

问题：

按照满意顾客、非常满意顾客、忠诚顾客分类，小彬的这个顾客属于哪一类？该顾客的销售闭环管理有哪几步？

分析提示：

由于销售员小彬的服务及付出，感动了顾客，由陌生顾客转化为忠诚顾客，顾客第一次进店时小彬是按照陌生顾客的接待流程推进的。第二次邀请顾客来参加活动的时候，由于顾客已经转化成了忠诚顾客，不来现场就直接转款过来成交了，销售闭环管理的步骤就只有促单成交和售后服务两步。

单元自测题

1. 针对陌生人的销售闭环管理包括（　　　　）。
    A. 销售准备　　　　　　　　　　B. 顾客开拓

C. 顾客接触 D. 销售洽谈
E. 处理异议 F. 促单成交
G. 售后服务

2. 针对忠诚顾客的复购销售闭环管理包括（　　　）。
   A. 销售准备 B. 顾客开拓
   C. 顾客接触 D. 销售洽谈
   E. 处理异议 F. 促单成交
   G. 售后服务

3. 销售员与顾客可以形成的关系包括（　　　）。
   A. 成为品牌的传播者 B. 成为推销员
   C. 成为朋友 D. 形成依赖

4. 让顾客成为推销员的方法包括（　　　）。
   A. 让顾客放心 B. 增强顾客的黏性
   C. 主动提出让顾客帮忙销售 D. 主动提出让顾客帮忙转介绍顾客

5. 让顾客成为朋友的方法包括（　　　）。
   A. 线上接触法 B. 恰好路过接触法
   C. 主动邀约接触法 D. 被动接触法

6. 老顾客或朋友转介绍的新顾客，对比起陌生顾客，具备的特征有（　　　）。
   A. 无须销售人亲自去开拓，节省时间
   B. 有一定的信任基础，更容易接受销售员的推荐
   C. 没有信任基础，推销起来更吃力
   D. 比陌生顾客更容易达成交易

7. 成为朋友关系的老顾客亲自带来店里选购的新顾客，销售闭环管理的步骤可以从（　　　）开始。
   A. 顾客接触 B. 销售洽谈 C. 处理异议
   D. 促单成交 E. 售后服务

8. 顾客形成依赖对销售员的好处包括（　　　）。
   A. 会帮忙发布广告 B. 推荐朋友购买
   C. 带领朋友过来购买 D. 拥护这个品牌

9. 让顾客形成依赖后，这类顾客带来的新顾客可以从促单成交开始的原因有（　　　）。
   A. 因为老顾客为销售员完成了销售闭环管理的前五步的内容
   B. 因为这类顾客不需要产品介绍
   C. 因为这类顾客没有异议

D. 因为这类顾客不挑剔

10. 以下属于与销售员形成依赖的顾客是（　　　）。
    A. 老顾客张姐会为销售员转发朋友圈
    B. 老顾客王老师会为销售员介绍顾客
    C. 老顾客李哥经常会找销售员一起去聚餐
    D. 老顾客王大爷家里无论有什么事情都喜欢征询销售员的意见

单元实训

假设你是手机店的销售员，顾客成交后，你能通过什么方法让顾客帮忙在他的朋友圈里发广告？通过什么方法能够让顾客帮忙推荐身边的朋友过来购物？按以下步骤完成实训：

1. 分组讨论。每个小组5～10人头脑风暴，找到以上问题的解决方法，并且每个问题不少于3种方法。

2. 模拟演练。将小组总结的方法，进行销售情景模拟。1名同学扮演顾客，1名同学扮演销售员。其余学员作为观察员，记录演练过程中的优缺点，并进行讨论。

3. 对于演练及讨论后的结果，汇总成一份"手机店让已成交顾客发广告及推荐朋友购买的方案"。

参 考 文 献

[1] 胡善珍. 现代推销——理论、实务、案例、实训[M]. 2版. 北京：高等教育出版社，2015.
[2] 弗里德曼. 销售洗脑[M]. 施轶，译. 北京：中信出版社，2016.
[3] 西奥迪尼. 影响力[M]. 闾佳，译. 北京：北京联合出版公司，2016.
[4] 米切尔. 卖体验：全员创造消费者愉悦带来惊人业绩的法则[M]. 张若涵，译. 成都：四川人民出版社，2014.
[5] 柏唯良. 细节营销[M]. 朱宇，译. 北京：机械工业出版社，2009.